18のポイントと
9つの事例で解説する

プレインジャパニーズの教科書

> 世界標準のISO規格

一般社団法人 日本プレインランゲージ協会 編・著

コスモピア

はじめに

「グローバルコミュニケーション」という言葉を聞くと、多くの日本人は『グローバルコミュニケーション＝英語でのコミュニケーション』と考えるであろう。

私もその一人だった。それを覆されたのが、翻訳業界に携わって間もない時であった。それは、社内でも定評のあるベテランの日本人の翻訳者が訳した英文が発端の事件だった。その英文に対し、アメリカ人のリライターがほとんど修正せず、手付かずの状態で日本人のチェック担当者に戻し、困り果てた担当者が私に泣きついてきたのである。

問題の原稿を見ると、赤ペンで"アイマイ"、"イミフメイ"、"？？？"と、寝ぼけたコメントが各所に付けられているだけでほとんど修正がされていない。私はチェック担当者が説明を最後までし終えるのを待たずに席を立ち、アメリカ人リライターの怠慢を厳しく注意した。「文法に誤りもなく、日本語に忠実に英訳してあり、キレイにアルファベットで綴られている英文が意味不明なわけがないだろう」、「アイビーリーガーで高学歴・高給取りのあなたたちには、それ相当の仕事をしてほしい」とまくしたてた。リライターは「意味不明の文を"イミフメイ"と書いて何が悪い。リライトとは、ある一定レベルに達している英文をブラッシュアップするのが仕事で、意味不明の文をどうやってリライトしろと言うのか教えてほしい。君ならそれができるのか？」と冷静に返された。

平行線のまま自分の席に戻り、日本語の原文と英訳を見比べると、元の日本語が抽象的な表現が多く、情緒的で長い文章になっていた。また構成が複雑で話題の飛躍もあり、何度か読みかえさないと理解できないものであった。翻訳者が英訳するのに相当な苦労をしたことが容易に想像できた。同時にアメリカ人リライターの言うことも一理あるのではないかと、考えを改めた。文法の誤りもなく英語にさえなっていれば、意思疎通が図れると、ずっと思っていたが、それは誤りだと悟った。

そして再度リライターの元へ行き「二度と同じことを繰り返したくない。そのために、どうしたら回避できるか、あなたの意見を聞かせてほしい」

と尋ねた。以降、そのアドバイスを忠実に実行している。それはプレインランゲージとは直接的には関係ないので、ここでは割愛するが、要は日常的な会話を除き、まとまった分量の日本語の実務的文章を字ヅラの通りに英語に訳せば、スムーズな意思疎通が図れるというのは誤りで、日本語が明確でロジックがしっかりできていないと有能なスタッフでもお手上げだということを私はその事件から学んだ。

　起業した段階から『曖昧な日本語』と『明確な英語』の対極的な差異を理解し、その溝を埋めることを考え、努めてきた。翻訳業界は機械翻訳やAI翻訳に市場を浸食され、厳しい競争にさらされている。そうした中、株式会社エイアンドピープルは、どこからも資本提携を受けず、営業的支援もなくこれまで事業を継続してきた。これは、もちろん多くのお客様や関係者の支援があってこそだが、それに加えて、起業した段階からのそうした取り組みにもあると考えている。

　さらに幸運だったのは、トヨタ自動車のグローバルコミュニケーションのプロジェクトにも携わらせていただくことで、プレインランゲージと出会えたことであった。『曖昧な日本語』と『明確な英語』の対極的な差異を理解し、その溝を埋める解を得、同時に『曖昧な日本語が格式高い日本語』という呪縛から解き放たれた。

　そしてISOのプレインランゲージの国際標準規格のドラフティングに携われたことで、EU議会統合時の24言語でのコミュニケーションの混乱期を乗り越え、現在に至ったことを知ることができた。その成功事例を目の当たりにし、異文化コミュニケーションの溝は日本語に限ったことではなく、乗り越えられると勇気がわいた。そのための第一歩が、『勇者の言葉』、プレインジャパニーズの理解と実践である。本書では、文芸を除く、実務的な情報発信において、発信者が目的を達成するためにはプレインジャパニーズの実践が必要であることを説く。

2024.8.29　浅井満知子

目次

第**3**章 伝わるビジネス文書 18のポイント

浅井満知子

第 **6** 章 プレインランゲージの歴史と世界の動向 …… 187

山田肇

応用編 成功するコニュニケーション

資料編 読みやすさの測り方

第1章

プレインランゲージ
とは

プレインランゲージとは

　鳥類の起源について福井県立恐竜博物館のウェブサイトに説明がある。こんな書き出しだ。

　鳥類は、羽毛の生えた獣脚類（羽毛恐竜）のなかまから進化したことがわかっています。このことなどから、現在では、鳥類も獣脚類の一部に含まれると考えられています。ですので、現在も1万種ほどの恐竜類が世界中にいることになります。

（同博物館ウェブサイト「恐竜・古生物Q&A」より）

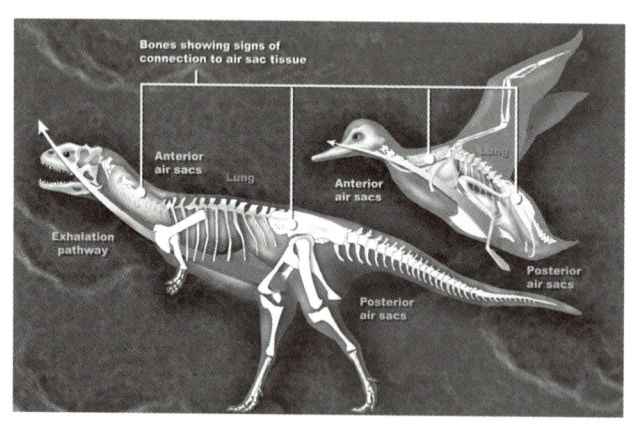

鳥類と獣脚類の骨格比較（米国National Science Foundationより）

　東京大学・宇野友里花氏らの研究プロジェクト「化石の比較形態解析および現生種の発生学実験から探る鳥類の翼の進化機序」は、プロジェクトの概要説明を次のように始めている。

　恐竜から鳥類への進化の過程では、翼が獲得されたことによって歩行から飛行へと移動様式が大きく変化した。翼の獲得には、発生フレームシフトによる第1指の保持と、前翼膜の獲得という、他の四肢動物には見られない特殊な形態進化が含まれる。

どちらも恐竜から鳥類への進化に関する記述である。しかし、なぜこうも印象が違うのだろう。博物館は児童生徒から大人まで多くの人々に説明しようとしているのに対して、東京大学の研究プロジェクトのほうは古生物学の研究コミュニティに対して説明しているからだ。

後者は「発生フレームシフトによる第1指の保持」と言われてピンとくる人たち向けの説明である。前者は「現在も1万種ほどの恐竜類が世界中にいる」というメッセージに驚き、関心を持つ人たちを対象とする説明である。

同じ事柄について文書を作成する際にも、対象とする読者をどう設定するかにより記述内容は変わる。加えて左ページの2例は「です・ます調」と「だ・である調」という表現形式も異なっている。博物館サイトの原文には獣脚類に「じゅうきゃくるい」というフリガナも付いている。

プレインランゲージとは何か？

本書では「プレインランゲージ」という、文書を用いたコミュニケーションの手法を説明する。後で詳しく説明するが、プレインランゲージの大原則は次のとおりである。

> 文書を作成する際には、対象読者をきちんと設定し、対象読者に訴求し理解が促進されるように内容や表現を工夫しよう。

福井県立博物館と東京大学では、説明する対象も説明の目的も異なる。だから、内容も表現も大幅に違っていた。いずれも対象読者をきちんと設定していたという点で、プレインランゲージの大原則に沿ったものと評価できる。

対象読者の設定という大原則など、ごく当たり前だと感じるかもしれない。しかし、現実には大原則を無視した文書が世の中にあふれている。政府が発表する国民向けの文書にも、企業が公表する投資家向けの情報にも悪例は数知れない。本書は、当たり前の大原則に沿って文書を作成しコミュニケーションを促進しようと呼びかけると共に、大原則を満たすための技法を説明するものである。

　ところで、「プレインランゲージ」という聞き覚えがない言葉に違和感を覚える人もいるだろう。日本語に直訳すれば「平易な言語」だが、「平易」とはすなわち「やさしい」という誤解を生む恐れがある。しかし、常にやさしい表現が求められるわけではない。たとえば、研究プロジェクトの説明は古生物学の研究者に通じる表現であれば十分だ。一般読者にとってやさしく、わかりやすくする必要はない。常に万人向けのやさしさを求めているという誤解を避けて、文書作成の大原則について理解していただくために、本書では「プレインランゲージ」というカタカナ表現を、あえて一貫して用いていく。

コミュニケーションとは何か考えよう

　人類は進化の過程で「言葉」を発明した。言葉がなければ、エジプトなどの古代文明も誕生しなかっただろう。紀元後の文化の発展にも、産業革命以降の急激な工業化にも、言葉は重要な役割を果たしてきた。今も同様である。

　言葉は人間同士のコミュニケーションに用いられる。送り手は、受け手の目的を特定し、受け手が目的を達成できるように整理して言葉で情報を送る。受け手は、送り手からの情報を咀嚼して言葉で返答する。送り手と受け手の立場を交代しながら情報の伝達を繰り返して、双方の間でのコミュニケーションが成立していく。

　アパレル店で「今シーズンはやりの洋服が欲しい」と言えば、店員が希望に応えようとする。顧客がコミュニケーションの送り手で、店員は受け手である。次に、店員は顧客の年齢や雰囲気を見て、似合いそうな洋服を選んで顧客に薦める。店員が送り手に、顧客が受け手に交代したわけだ。こうして、送り手になったり、受け手になったりしながら、洋服は絞り込まれていく。そして、最終的に購入する洋服が決まる。顧客にとっては気に入った洋服が購入でき、店員にとっては洋服が販売できて、コミュニケーションの目的は達成され両者は満足する。

受け手を特定し、受け手のレベルに合わせる

　洋服販売の事例のように、対面型のコミュニケーションでは受け手は容易に特定できる。受け手が面前にいるからだ。コンサートや講演会のように観衆や聴衆が多くいる場合でも、演者や講師にとっての受け手は面前に集まっている人々である。

　アパレル店でも、コンサートや講演会でも、受け手が情報の内容を咀嚼して理解できるように工夫して、送り手が情報を送ればコミュニケーションの目的は達成される。

　非対面型であっても、コミュニケーションを図るには受け手の特定から始める必要がある。しかし、非対面型では受け手が見えないので、特定しづらい。受け手を間違えれば、コミュニケーションは失敗する。受け手である視聴者の性別や年齢層を見誤れば、テレビ番組は高い視聴率を得られない。郵便ポストに投げ込まれる宣伝ビラの多くも、住民の関心を引かないままにごみ箱に捨てられる。非対面型でのコミュニケーションでは、このような実例にあるように、受け手の特定が難しい。

ここで、ネットを介して医薬品に関する情報を発信する事例について考えよう。

　医薬品情報の受け手は医療関係者と限ってよいだろうか。そうとは限らない。最近は副作用を調べるといった目的で情報を得ようという患者・消費者も増えている。しかし、医療関係者向けの専門情報だけでは、患者・消費者には理解するのが難しすぎるかもしれない。解決策は、医療関係者向けの情報提供ページと消費者向けの情報提供ページとを分けて設けるという対応である。

　高コレステロール血症の治療薬として「リバロ」が広く用いられている。消費者がリバロについて調べようとする場合には、一般社団法人「くすりの適正使用協議会」のサイトに行けばよい。薬の作用と効果、服薬に注意が必要な患者、用法・用量、副作用などについての説明がある。

　リバロは興和株式会社の医薬品だが、同社のサイトで情報を得ようとすると、「あなたは医療関係者ですか？」という質問に答えるページに誘導される。「はい」と回答すれば医療関係者が閲覧できるページが開く。そこには、「医薬品、医療機器等の品質、有効性及び安全性の確保等に関する法律」に基づいて指定された書式で、リバロについて詳細に説明する文書が掲載されている。

あなたは医療関係者ですか？

はい　　いいえ

◆　服用・使用している医療用医薬品に関する疑問・質問などは治療に当たられている医師・歯科医師、または調剤されている薬局の薬剤師に必ずご相談下さい。

◆　このサイトをご利用されるに当たっては下記の「当サイト閲覧上の注意」もご覧下さい。

（興和株式会社のサイトより）

医薬品に関する情報提供では、医療関係者と消費者という二種類の読者に対して、それぞれの目的を達成するのに必要な情報が、別々に提供されるようになっている。プレインランゲージの大原則に沿った運用方法は評価できる。

受け手の先に本当の受け手がいる場合もある

三選を果たした2023年9月、大野元裕埼玉県知事は埼玉県議会定例会で就任のあいさつを行った。県議会議事録によると、持続的発展に向けた戦略について次のように語っている。

> 　将来的な資源不足やカーボンニュートラル実現等へ対応すると同時に、環境分野での付加価値を増大させ、持続的経済を実現させるため、これまでの大量消費・大量廃棄を前提とした「リニアエコノミー」から、資源の循環的・効率的利用を図る「サーキュラーエコノミー」への転換を推進する必要があります。
> 　そこで、埼玉県では、令和5年6月に「サーキュラーエコノミー推進センター埼玉」を設置し、サーキュラーエコノミーに取り組む県内企業の支援を開始しました。
> 　二期目では、企業が世界的な経済構造の変革にいち早く対応し、中長期的な競争力を確保するために、サーキュラーエコノミーを更に推進していく必要があります。これに加え、企業にとっても単なるCSRで終わらせることがないよう、生物多様性の損失を止め回復へと向かわせる、ネイチャーポジティブを推進し、経済と環境を両立させ、持続的発展、付加価値の追求を確かなものにしてまいります。

就任演説を聞く県議会議員は明らかに情報の受け手である。しかし、県議会議員の後ろには多くの県民がおり、彼らも就任演説の間接的な受け手である。

選挙では支持者を集めるが、知事当選後はすべての県民を受け手として考えなければならない。知事を支持した県民はサーキュラーエコノミーという用語に慣れているかもしれない。しかし、他候補者を支持した県民にまで、サーキュラーエコノミーやネイチャーポジティブは浸透しているだろうか。

大野埼玉県知事には二つの選択肢があった。カタカナ語を言う毎に解説を付け加える方法。実際、知事は「生物多様性の損失を止め回復へと向かわせる、ネイチャーポジティブ」と表現している。

他の方法もある。カタカナ語をできる限り減らすのである。たとえば、この例であれば、「生物多様性の損失を止め回復へと向かわせる施策を推進し」などと表現する。普通の県民のためにカタカナ語を減らせば、就任演説は県民にいっそう浸透しただろう。

本書が「プレインランゲージ」というカタカナ語を使い続けるのは、大変心苦しい。しかし、やむを得ない事情があるという点について、ぜひご理解いただきたい。

受け手の目的を達成する

コミュニケーションは、受け手の目的を特定し、受け手が目的を達成できるように整理して言葉で情報を送ることで成立する。

上場企業は、投資家向けに、有価証券報告書や四半期報告書を公開している。報告書の受け手である投資家が投資判断に利用できれば、投資家の目的は達成される。それらの報告書では、主要な経営指標等はどのように推移しているか、経営環境をどのように把握し、どんな方針で経営を進めているか、そして対処すべき課題やリスクは何かなどをきちんと説明する必要がある。

　報告書に記載すべき事項は、企業内容等の開示に関する内閣府令に定められている。

　いくつかの有価証券報告書を見ると、冒頭のほうに沿革を記載している企業があると気づく。しかし、内閣府令で沿革は必須項目ではない。経営指標の推移よりも、一般的には投資家にとって重要度が低い沿革は、報告書の末尾に付属資料として記載すれば十分かもしれない。

　有価証券報告書の大半は、PDF形式で各社のウェブサイトに掲載されている。紙資料のイメージを電子的に再現したのがPDFであるから、スクロールしていかないと、つまりページをめくっていかないと、必要な情報にたどり着けない。PDFの大きな欠点である。

　受け手が必要としている情報に容易にたどり着けるようにするには、目次を添えて受け手が必要としている情報が何ページにあるかわかるようにすればよい。目次をクリックすると該当箇所に飛ぶようにすれば、いっそう親切である。投資家情報を掲載するウェブページの構成イメージは次のようになる。

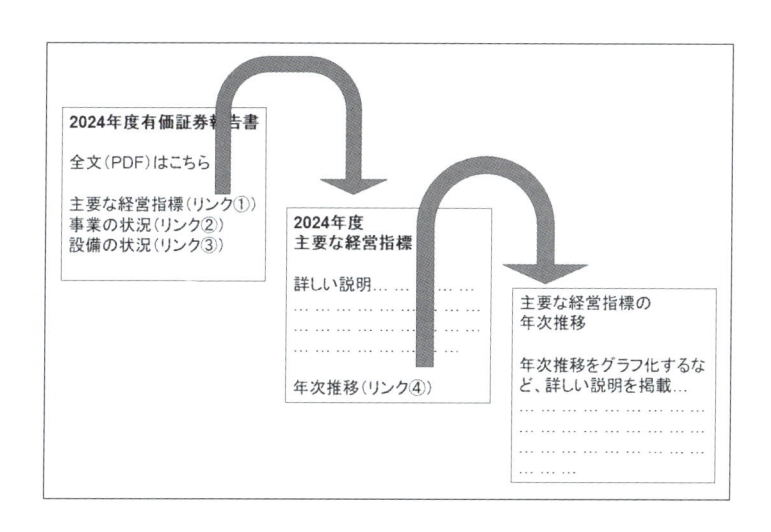

たとえば、「主要な経営指標」にはリンク①が設定されており、クリック一つで主要な経営指標の説明ページに遷移する。さらに「年次推移」にはリンク④が設定されており、クリックで「主要な経営指標の年次推移」の説明ページに遷移する。例示したHTML形式での構成では、「主要な経営指標」や「事業の状況」が目次の役割を果たす。リンクを用いた情報の提示を行えば、投資家は自らの目的を容易に果たせるようになる。

残念ながら、目次のない有価証券報告書は、読者である投資家に不親切というしかない。

ウェブサイト内に主要な経営指標の年次推移を別に掲載している企業もある。年次推移が一覧できれば、投資家は企業の現状を簡単に把握できる。年次推移を別に分けて掲載するのは、読者本位の情報提供と言えよう。

コミュニケーションでは、受け手が目的を達成できるように情報を整理して提示するのが肝要である。各社の投資家情報、有価証券報告書を見ると、整理して情報を提示するのが上手な企業と下手な企業があると気づく。

文書のユーザビリティを高める

人間工学という研究分野がある。可能な限り自然な動きや状態で人間が使えるように、製品や環境を設計してデザインに活かす。これが人間工学の実践的な目標である。人間工学をもとにデザインすれば、働きやすい職場、生活しやすい環境、あるいは安全で使いやすい道具が実現していく。

人間工学にはユーザビリティという重要な概念がある。JIS規格「人間工学－人とシステムとのインタラクション－ユーザビリティの定義及び概念」では、ユーザビリティは次のように定義されている。

> ある製品を、特定の利用者が、特定の目的を達成しようとするにあたって、特定の状況で、いかに効果的に、効率的に、満足できるように使えるかの度合い

「JPN TAXI」というロゴが付いたタクシーが街中を走っている。乗客や乗務員の声をもとに改善を重ねて、使いやすさを実現したタクシーである。天井が高いのでかがまなくても乗車できる。スーツケースのような大きな荷物を車内に持ち込める。

ユーザビリティの定義に照らせば、特定の利用者すなわち「乗客」が、特定の目的すなわち「目的地まで移動する」際に、「大きな荷物がある」といった特別な状況であっても、効果的に、効率的に目的を達成でき、満足感が得られるタクシーがJPN TAXIである。つまり、JPN TAXIはユーザビリティが高い。

ユーザビリティの定義を文書作成に適用したのがプレインランゲージの大原則である。文書提供者は利用者すなわち読者を特定し、特定した読者が文書から情報を効果的に、効率的に取得でき、満足できるように文書を提供するというのが大原則だからだ。

JPN TAXIが市中で高い評価を得ているように、プレインランゲージの原則に沿って文書を作成して提供すれば、読者から高い評価が得られると期待できる。県知事の演説は県民にいっそう訴求し、有価証券報告書は投資家の理解を増進するだろう。

文書のユーザビリティを高めるのがプレインランゲージの原則である。

「やさしい日本語」で表現する

2020年に法務省出入国在留管理庁と文部科学省文化庁は「在留支援のためのやさしい日本語ガイドライン」に関する有識者会議を設置した。阪神・淡路大震災以来、在留している外国人への緊急情報の伝達が課題となり、解決策として「やさしい日本語」が提案された。有識者会議がガイドラインを作成し、地方公共団体での「やさしい日本語」の活用を促進することを目的とした。

完成したガイドラインは3つのステップで「やさしい日本語」の文書を作成するように求めている。第一は日本人にわかりやすい文章で書く。そのために、情報を整理し、外来語に気を付け、簡潔な文章を作るように求めている。情報を整理するとは、伝えたいことをまとめ、情報を取捨選択するという意味である。

第二のステップは外国人にもわかりやすい文章になるように、日本語をわかりやすく書き直す。たとえば、二重否定は排除する、受身形はできる限り使わないなどで、簡単な言葉を使うように求めている。言い換えが難しいときは、余震＜＝後から来る地震＞といった短い説明を付ける。

第三のステップはわかりやすさの確認で、書き換え案ができたら、日本語教師や外国人にチェックしてもらうように推奨している。

ここまでの説明で、「やさしい日本語」とプレインランゲージに共通点があると気づくだろう。対象とする読者は在留している外国人である。読者の読み書き能力や言語スキルは、日本人に比べて低い。だから、わかりやすくなるように書き直すというプロセスが提案されたのである。

　ガイドラインには、地方公共団体が書き換えを進めるために日本語の難易度を調べるツールも紹介されている。

　対象読者を特定し、特定した読者の理解を促進するように文書を提供しようというプレインランゲージの大原則の下で、在留外国人向けの「やさしい日本語」が開発されたと解釈できる。つまり、冒頭で例示した博物館と研究プロジェクトでの表現と同じように、対象読者を限定する、「やさしい日本語」はプレインランゲージの実践事例の一つと言える。

「やさしい日本語」のこれから

　「やさしい日本語」では、情報を整理しすぎると提供したい情報が伝わらなくなるという問題に注意しよう。

　横浜市は印鑑登録について通常のページで次のように説明している。

　個人が社会生活の中で必要となるさまざまな手続きや法律行為を行うにあたり使用する印鑑を、住民登録がある役所においてあらかじめ届け出て登録するものです。（「印鑑登録について」より）

　一方、やさしい日本語ページには次のように書いてある。

　印鑑登録は、あなたの印鑑（はんこ）を区役所に持っていって、登録することです。土地や建物、自動車などを買うときなどに、印鑑登録をした印鑑が必要になることがあります。

　横浜市のページでは「あらかじめ届け出て登録」だが、やさしい日本語ページの説明では「あらかじめ」が外されたため、事前に登録できることは伝わらない。横浜市のページには「手続きや法律行為」とあるの

が、やさしい日本語ページでは「土地や建物、自動車などの購入」と具体化された。ただし、やさしい日本語ページでは、より広い範囲に利用される可能性があるという点は伝わらない。

　人工知能（AI）を用いた翻訳アプリが簡単に利用できる時代になった。翻訳AIは学習を重ね、翻訳精度は向上を続けている。今後も人手がかかる「やさしい日本語」を使い続けるか、あるいは翻訳AIの利用に転換するか、地方公共団体は在留外国人への情報提供施策を考え直す時期にある。

読解水準を知る手がかりは

　読者を特定して読者の理解を促進するように文書を作成しよう、という大原則について繰り返し説明してきた。

　恐竜から鳥類への進化に関わる研究プロジェクトであれば、対象読者は古生物学の研究者であり、古生物に関する読解水準も容易に推定できる。それでは、一般市民を対象とする場合に、読解水準はどう推定すればよいのだろうか。

　手掛かりは学習指導要領にある。学習指導要領は全国のどの地域で教育を受けても一定の水準の教育を受けられるようにするために、文部科学省が定めた教科ごとの目標や大まかな教育内容である。

　小学校の国語の場合、学年別漢字配当表に沿って、学年が上がるにつれて読解できる漢字の数が増えていく。中学校の国語も同様で、教育漢字に加え、一年生では常用漢字のうち300字から400字程度の漢字を読める、三年生なら常用漢字の大体を読めるといった基準が示されている。

　読解力については、中学校でどう規定されているのだろうか。学習の目標には次のように書かれている。

一年生	筋道立てて考える力や豊かに感じたり想像したりする力を養い，日常生活における人との関わりの中で伝え合う力を高め，自分の思いや考えを確かなものにすることができるようにする。
二年生	論理的に考える力や共感したり想像したりする力を養い，社会生活における人との関わりの中で伝え合う力を高め，自分の思いや考えを広げたり深めたりすることができるようにする。
三年生	論理的に考える力や深く共感したり豊かに想像したりする力を養い，社会生活における人との関わりの中で伝え合う力を高め，自分の思いや考えを広げたり深めたりすることができるようにする。

　学年ごとに大差はないが、二年生からは「論理的」という言葉が明記されている。また、中学卒業までに、社会生活における人との関わりの中で伝え合う力、すなわちコミュニケーション能力の獲得が大きな目標になっている。

　より具体的に、「話や文章に含まれている情報の扱い方」に関する規定を表にまとめると次のようになる。

一年生	ア　原因と結果，意見と根拠など情報と情報との関係について理解すること。 イ　比較や分類，関係付けなどの情報の整理の仕方，引用の仕方や出典の示し方について理解を深め，それらを使うこと。
二年生	ア　意見と根拠，具体と抽象など情報と情報との関係について理解すること。 イ　情報と情報との関係の様々な表し方を理解し使うこと。
三年生	ア　具体と抽象など情報と情報との関係について理解を深めること。 イ　情報の信頼性の確かめ方を理解し使うこと。

義務教育である中学を卒業した人々は、常用漢字の大体を読め、原因と結果、意見と根拠、具体と抽象といった情報と情報の関係を理解できるレベルで、論理的に考える力が養われているということになる。

学習指導要領を基準に文書を作成する

　数学、社会、理科といった他の科目でも同様に獲得するべき知識の水準が定められている。学習指導要領の定める水準が、プレインランゲージの大原則に基づいて文書を一般市民に提供する際の難易度の基準になる。

　たとえば、新型感染症の予防について政府から広報するとしよう。学習指導要領の保健体育科目には、感染症に関して次のように定められている。

　感染症は, 病原体が主な要因となって発生すること。また, 感染症の多くは, 発生源をなくすこと, 感染経路を遮断すること, 主体の抵抗力を高めることによって予防できること

　学習指導要領を参照すれば、新型感染症について、下記を整理して提示するという広報方針が立てられる。

- ☑ 発生源をなくす対策
- ☑ 感染経路を遮断する対策
- ☑ 主体の抵抗力を高めるために求められる対策

　学習指導要領の基準を利用して文書を提供するという方法を説明したが、すべてを読み込むのは難しい、という意見があるかもしれない。そんな場合には、学習指導要領をAIに学習させ、AIが文書の難

易度や改善点を提示するシステムを利用すればよい。実際、そのような AI システムは開発途上にある。

　本章では、プレインランゲージとは何かについて入門的な説明をしてきた。文書を作成する際には、対象読者をきちんと設定し、対象読者に訴求し理解が促進されるように内容や表現を工夫してほしい。また、難易度の水準を知る手掛かりとして学習指導要領が利用できる点も説明した。

プレインランゲージは
最強のコミュニケーションツール

Andrew Silberman（テンプル大学ジャパン非常勤講師）

曖昧な日本語、直接的な英語

日本語は、文を最後まで読まないと意味がわからず、冗長な表現が多く、ハイコンテクストな言語です。しかし、ビジネスでは明確さが重要です。また、世界各国からさまざまな人が集まるグローバルな環境では、沈黙の意味を推し量るように求めることは現実的ではありません。

日本は思慮深く、相手を重んじ礼を尽くす文化の国ですので、直接的すぎる表現を使うくらいで問題ありません。また、自分を礼儀正しく見せるための行動と、真に礼儀正しい行動とは異なるということも考えてみてください。本当の礼儀とは、相手に確実に理解してもらうための表現方法を使うことではないでしょうか。

PREP

ビジネスにおいて話の内容を的確に表現することは必須です。的確な表現を行って、はじめてオーディエンスはあなたの意図や目的、感情を理解することができるのです。このようなコミュニケーションを実現させるのがPREPモデルです。Pが話の要点（Point）、Rが理由（Reason）、Eが短い例（Example）、Pが話の要点（Point）を意味しています。まずは要点を伝えた後、なぜそのように考えるのか理由を説明し、短い例を示した後、改めて要点を繰り返すことで、効果的なコミュニケーションが行えます。しかし日本の人々が話す文では前置きが長く、なかなか結論に至りません。ともすると結論のないまま終わってしまうことも多く見受けられます。グローバルにビジネスを行う上で、ぜひPREPを心掛けてみてください。

YES BUTからYES ANDに

曖昧で話者の意図が伝わりにくい表現に「YES BUT」があります。たとえば、「私は賛成なのですが、会社が反対しています」というのは曖昧な言い方です。

YES ANDを使った効果的な表現に書き直すと、より的確に意図を伝えることができます。「私は賛成です。会社には○○という決まりがあるのですが、どのようにしたらあなたのアイデアを導入できると思いますか？」と直すと、あなたが賛成し

ていることがより明確になります。

　また、BUTを使わずに肯定的な表現を積み重ねることで、ポジティブで前向きな姿勢で臨んでいることを示すことができます。

　実は私は最初からプレインランゲージの価値を理解していたわけではありません。17、18歳になるまでは、難しいボキャブラリーを使うことで、自分の知性を示すことができると思っていました。「生徒が学ぶ準備ができたとき、師は現れる」という表現がありますが、高校3年生のときの国語の先生に出会ったことで、明確・明快なライティングをするよう意識することができるようになりました。的確なビジネスコミュニケーションを行うために「プレインランゲージに勝るツールはない」と信じています。

Profile

Andrew Silberman （アンドリュー・シルバーマン）
AMT Group, K. K. President & Chief Enthusiast 、テンプル大学ジャパン非常勤講師

　シカゴで生まれ、3歳から18歳までカリフォルニア州サラトガに在住。U.C.バークレー大学で産業社会の政治経済学の学士号、ミドルベリー国際大学院モントレー校フィッシャー・スクール・オブ・ビジネスでMBAを取得。

　1989年よりハイ・パフォーマンス・コーチとして活躍。1992年に東京で共同創設したAdvanced Management Training Group（AMTグループ）では、"グローバルに考える人間を育てる"ことを使命とする多国籍ファシリテーター・チームを率いている。

　2010年よりテンプル大学ジャパンの非常勤講師を務め、現在は経営学修士課程の学生をキャップストーンコースで指導している。2016年から2023年まで慶應義塾大学ビジネススクールの客員教授、2018年から2022年まで一橋大学大学院国際企業戦略研究科（ICS）の客員教授を務める。

第2章

伝わらない
ビジネス文書

伝わらないビジネス文書

　現代の社会は文書で動いている。組織の中で流通する文書だけでなく、メールやウェブサイト、さらにSNSへの書き込みも広い意味での文書と呼ぶことができる。しかしながら、仕事や日常生活の中でわかりにくい文書に遭遇することも多い。たとえば、何が重要かわからない、具体的内容がない、専門用語が多すぎる、結論が最後に隠れている、読者の視点で書かれていないなどの問題である。

　本章では、架空の企業、浅川食品株式会社の総務部に勤務する平井太郎と本多緑を主人公に、伝わらないビジネス文書の例を示す。主に、太郎が作った文書に対して二人の上司や緑がコメントを入れ、太郎が書き直すというストーリーである。読者は、まず、太郎の元の文書とそれに対するコメントを読み、問題点を見つけてもらいたい。次に、自分なりの修正案を書けばさらに練習になるだろう。その後に、太郎が書き直した文書と見比べてもらいたい。修正の根拠となった考え方である「プレインジャパニーズ」については第3章で解説する。

　伝わらない文書の例として次の7つを作成した。順番は特にないが、それぞれ異なる問題点を含んでいるので、すべてに目を通してほしい。ただし、ビジネス文書では、通常、日付や発信者の名前を入れるが、煩雑となるためここでは省略する。

1. 企画提案書
2. 業務手順書
3. 講演会参加報告書
4. 社長から株主へのメッセージ
5. 打ち合わせの確認メール
6. 社内研修会への呼びかけ
7. 博物館の展示説明

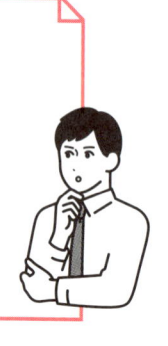

① 企画提案書

　浅川食品株式会社は、毎年、数人の新卒社員を募集していたが、近年は良い人材が思うように集まらなくなってきている。そこで、総務部の平井太郎は、新卒だけではなく、若手の転職希望者も集まる転職フェアに出展することを上司に提案することにした。以下はその提案書の内容である。

社員を雇用するための施策

　日本の特殊出生率は他国と比べて非常に低く若者の人口も減っている。労働力人口（15歳以上人口のうち、就業者と完全失業者を合わせた人口）は、2022年平均で6902万人と、前年に比べ5万人の減少（2年ぶりの減少）となった。中でも優秀な人材は学生時代からスタートアップで起業することも多く、通常の就職を希望する人材はさらに減少傾向にある。その影響のためか、近年は、当社でも採用枠を満たすことができなかった年度が続いている。一方、現在、営業部門と生産部門の双方から部員の平均年齢が高く若い人材が欲しいという声が上がっている。当社は商品の売れ行きに比較して一般の人々に社名があまり認知されておらず、人材採用の際にもそれがネックとなっている。こういった状況に鑑み優秀な人材の確保を目的として10月にコンベンションセンターで開催される人材募集フェアのマイキャリ若手転職フェアに出展することを提案する。

　この展示会は人気があり、昨年度も一つのブースに対して2日で平均60人ほどの面談数があり、今年度も同様の面談者が期待できる。また、ブース以外に30分ほどの講演会が2日で10回あり、その聴衆をブースに呼び込むこともできるかもしれない。会場は交通

の便も良い県立コンベンションセンターで季節的にも10月半ばの過ごしやすい時期なので多くの来場者が見込まれる。ブースの面積は9平米でテーブルや椅子を置いて求職者と面談が可能である。展示費は80万円であり、社長も年頭の挨拶で今年は若く熱意ある人材を豊富に雇いたいと言っていたので、当社も是非ブースを出すべきだと考える。

　当社が女性も活躍できる会社であることを全面的に打ち出していくために、ブースの担当者の半分は女性社員にすることを提案する。展示ブースには限りがあるので、当社の将来のためにも、できる限り早めに申し込みたいところである。

　太郎が上のような企画提案書を上司に提出しようとしたとき、同僚の本多緑が通りかかって企画書に眼を通した。

緑

何書いてるの？　ふーん、若手社員雇用のための施策。どれどれ。

どう思う？

太郎

緑

なんだ、結局は、フェアに展示しましょうって話じゃん。それなら、タイトルにそう書いたほうが良いよ。それに、若手を取り合ってるのってわざわざ数字出して解説してもらわなくても皆知ってるんじゃない？　あと、本文に情報が羅列されてるけど、箇条書きにしたほうが見やすいよ。

人材募集フェアでの展示ブース出展企画提案書

　当社における近年の若手不足を解決するために、以下の人材募集フェアへの出展を提案する。

名称：マイキャリ若手転職フェア

　　　　当フェアは、昨年度、一つのブースに対して2日で平均60人ほどの面談数があり、今年度も同様の面談者が期待できる。ブース以外に30分ほどの講演会が2日で10回ほどあり、その聴衆をブースに呼び込むことも可能である。

日時：10月19日（金）13:30〜19:00、
　　　　20日（土）10:30〜17:00

会場：県立コンベンションセンター

ブース面積：9平米（間口3m×奥行き3m）

展示料：80万円（2日間）
　　　　　簡易テーブル2卓と椅子6脚の貸出しは無料

締切：3月31日（いっぱいになり次第、申し込み終了）

当日は、総務部員が交替で担当し、常に、男性社員と女性社員の両方がいる状態にしておきたい。

●改善のポイント

・タイトルは、文書の目的が伝わる内容にする
・重要でない枝葉末節は省略する
・情報を簡条書きにしてまとめる
・日時等を具体的な数字で表現する

　浅川食品株式会社では、これまで出張申請や出張報告は書面で行ってきたが、このたび電子的に処理するシステムを導入した。ただ、その使い方がわかりにくいため、総務部の平井太郎が手順書を作成することになった。以下はその手順書である。

出張申請・報告提出手順書

　社外に出張する際は、次の手順に従ってください。

まず、社員番号とパスワードで出張システムにログインしてください。次に、出張の目的を含めて出張申請書を書いてください。出張申請には、行き先と経路を必ず入力してください。宿泊は自分で予約してください。行き先はすべて書いてください。急な場合を除いて、出張に行く3日前までに申請書を出してください。すべての入力が終わったら印刷して上長に提出してください。

　出張から戻ったら、できるだけ早く出張報告を出してください。報告書には成果を書き込んでください。費用の立て替えが発生した場合は、レシートまたは領収書を添付してください。お土産は不要です。

　出張にはできる限り少人数で行くようにしてください。2人以上で行く場合は社員番号と名前を入力してください。

　太郎は上のような文章を書いてから、同僚の本多緑に確認してもらうことにした。

うーん、内容は間違ってないけど、見にくくない？

緑

やっぱり箇条書きが良いかな？

太郎

当然でしょ。それと「社外に出張」ってあるけど、ウチの工場に行くときも申請いるよね。

緑

あ、そうか。

太郎

改善例

出張手順書

出張に行く前

　出張の際は、3日前までに出張申請書を出してください。

1. 社員番号とパスワードで出張システムにログインします。

2. ［出張申請］をクリックします。

3. 出張申請書の画面が表示されるので、名前を確認してから「目的」「日時」「出張先」「経路」「宿泊の有無」等を入力します。

　＊交通機関と宿泊の予約は自分で行ってください。

　＊出張先が複数ある場合、すべて書いてください。

　＊同行者がいる場合は、その方の社員番号と氏名を入力してください。

4. 入力が完了したら［印刷］をクリックします。

5. 印刷が終わったらログアウトし、印刷した出張申請書を上長に提出してください。

＊レシートや領収書は必ず取っておいてください。

＊新潟工場や名古屋支社に行く場合も出張申請は必要です。

出張から帰ってきたら

　出張から戻ったら、1週間以内に出張報告を出してください。報告書には出張で得られた成果を書き込んでください。

1.　社員番号とパスワードで出張システムにログインします。

2.　［出張報告］をクリックします。

3.　出張報告書の画面が表示されるので、名前、日時、行き先等を確認してから「報告内容」と「実費」等を入力します。

4.　入力が完了したら［印刷］をクリックします。

5.　印刷が終わったらログアウトし、印刷した出張報告書を上長に提出してください。

　＊レシートや領収書はホッチキス等で留めて一緒に提出してください。

●改善のポイント

・出張前／後の時系列に沿って、情報をまとめる
・必要な手順に番号をふって、箇条書きにする
・工場や支社に行く場合も出張申請が必要な旨を記す

講演会参加報告書

　女性人材をもっと活用したいという社長の意向を受け、総務部の平井太郎は自身の意識を高め知識を深めるため講演会に参加した。次の文章は、平井の報告書の内容である。

> ## 女性人材活用に関する講演について
>
> 　平成産業大学で開催された、亀山雅子先生の「中小企業が女性人材を活用するために」に出席し、以下のような話を伺った。多くの日本企業ではまだD&I（ダイバーシティ＆インクルージョン）の考え方が浸透していません。そのため、年功序列型賃金や成果・能力主義賃金に偏った制度を採用する企業は、人事考課が十分になされているとは言えず、そうした企業では女性の管理職の比率が低いらしい。逆に、女性管理職の比率が高い企業や経営者の女性比率が高い企業は、ともにコミュニケーションが円滑で、その結果として、業績や成長性も高く評価されています。また、そういった女性人材の活用が進んでいる業種は、BtoBに比較すると BtoC が多いそうで、当社も具体的な活動を始めるべきだ。女性人材の活用を進めるには、ダイバーシティ・マネジメントの道を拓くインテリジェント型組織設計を導入して根強い固定的性別役割分担意識を見直し、男女の格差を減らさなくてはなりません。会社として対応すべきは、コーポレートガバナンスコードを改訂し、第三者を含めた委員会を立ち上げアンコンシャスバイアスを取り除いていくことである。

　太郎は、上のような報告を送ったが上司からは次のようなメールが来た。

上司

一読しただけでは内容がよくわかりません。本当に、自分で意味がわかって書いていますか？　それに、どこからどこまでがその先生の話で、どこが平井君の意見かもわかりません。また、「です・ます」調と「だ・である」調が混在しているのは、子どもっぽく見えます。他の社員とも講演内容を共有したいので、文献等も調べて書き直してください。

このコメントを受け、太郎が書き直したのが次の文章である。

中小企業が女性人材を活用するために

講師：平成産業大学・亀山雅子

[要旨]

　アンケート調査によると、年功序列と成果・能力主義のバランスが取れている企業では、女性経営者や女性管理職の比率が高い。そういった企業では、社内のコミュニケーションが円滑であり、結果として業績や成長性が高い。また、この傾向はBtoBに比較してBtoCの企業に多くみられた。逆に、年功序列型賃金または成果・能力主義賃金のどちらかに偏った企業では、女性管理職の比率が低い傾向が見られる。

　近年、日本の中小企業の多くが外国人や障害者を雇用し始めてはいるが、表面的な多様性（ダイバーシティ）を実現しようとしているものの、一体感を持った経営（インクルージョン）には到達していない。同様に、女性人材についても雇用はしているが、十分に活用していると言えない状況と言える。

　女性人材を活用するためには、まず、多くの日本人が無意識に持っ

ている固定的性別役割分担（アンコンシャスバイアス）の意識を捨てなければならない。その上で、経験だけではなく知的能力を活用する組織（インテリジェント型組織）として再編すれば、女性の能力を十分に引き出すことができるだろう。

［所感］

　男女の役割を無意識に区別している社員が当社にも見受けられる。そういった社員の意識を変革するための委員会を立ち上げるべきではないか。また、その際、外部の専門家に顧問として参加してもらうことも一案として考えられる。

参考文献：亀川雅人・山極清子「女性人材活用によるインテリジェントデザイン型組織の研究」『ビジネスクリエーター研究』5：77-96, 2014

●改善のポイント

・難しい専門用語はなるべくわかりやすく説明する
・「要旨」と「所感」に分け、自分の意見を明確に
・「です・ます」調と「だ・である」調の混在を避ける

社長から株主へのメッセージ

　浅川食品株式会社は、数年前から株式を上場している。そのため、投資家向け広報活動（IR：investor relations）の一環として、社長は定期的に株主へのメッセージを会社のウェブサイトに載せなければならない。総務部の平井太郎の仕事の一つは、その下書きを作ることであり、次のような一文を書いた。

株主の皆様へ

　いつも変わらぬご支援をいただき感謝申し上げます。我々、浅川食品株式会社は、世界的なパンデミックと各地における地政学的リスクに端を発した経済状況の中、業績が伸び悩んでおりましたが、これに真摯に向き合い、再び持続可能な成長を実現するため企業努力を継続しております。20XX年度は、V字回復に向けての展望についてご報告申し上げます。

SDGsへの取り組み

　来年度もサプライヤーとの連携を通じSDGsに対する取り組みの強化を続け持続可能な商品開発と供給体制の整備に努めて参ります。

ROEの向上

　業績のV字回復を目指してROEの向上に重点を置きます。効率的な経営と効果的なコスト管理に注力し、収益性の向上を目指し、株主の皆様により良いリターンを提供することが使命と考えています。

グローバル市場への展開

　業績回復のためのキーとして、グローバル市場への進出を計画しています。具体的には、米菓による海外への事業展開を通じて、収

益の多角化と事業の安定成長を目指します。また、日本酒販売など他業種のステークホルダーと相互の信頼関係を築きパートナーシップを深め、密接な連携を通じて国際的な競争力を高めてまいります。

サステナビリティと社会課題への取り組み

　サステナビリティを企業の骨格に据え、社会課題への積極的な取り組みを進めています。社会的価値の追求という企業理念に基づき、チョコレート生産の上流におけるフェアトレードの推進、バリューチェーン全体の透明性確保などを実践してまいります。

　これからもウェルビーングを目指した食品を提供し、社会と共に発展していく使命を胸に、持続可能な経営を実現して参ります。皆様のご理解とご支援に心より感謝いたします。

　太郎は、上のような報告を送ったが上司からは次のようなメールが来た。

上司

流行ワードがちりばめられてるけど、具体性がほとんどなくて何が言いたいかわかりません。短くなっても良いので要点を絞って書き直してください。

　そう言われて太郎が書き直したのが次の文章である。

日本文化の発信とフェアトレードへの取り組み

　いつも変わらぬご支援をいただき感謝申し上げます。ここ数年は、新型コロナウイルス感染症の流行、ロシアによるウクライナ侵攻、パレスチナとイスラエルの紛争などがあり、世界経済は不安の中にあります。その影響下で、浅川食品株式会社も残念ながら業績が伸び悩んでおりました。しかし、20XX年度は、持続可能な成長を実現するため下記のように、米菓を通した日本文化の発信とチョコレート生産におけるフェアトレードへの取り組みに力を入れる所存です。

米菓を通した日本文化の発信

　近年、海外では日本文化の人気が高く、当社も米菓を通した日本文化の発信を試みます。ヨーロッパでは、現在、日本酒がブームになっていますが、海外のお客様が日本酒を召し上がるには和食を楽しむ場所が必要となり、そうなると手軽に日本酒を楽しむことができません。そこで当社は国内の酒造会社をパートナーとして、日本酒に合うあられやおかきなどの米菓の輸出を計画しています。

チョコレート生産におけるフェアトレードへの取り組み

　米菓とともに当社の主力商品であるチョコレートに関しては、フェアトレードに取り組みます。チョコレートの原材料であるカカオの生産は開発途上国の労働者に適正な対価が支払われず、環境に深刻な問題を引き起こしてきましたが、その環境を改善しようという取り組みがフェアトレードです。フェアトレードは

SDGs（持続可能な開発目標）とも密接に関連し、世界的にも関心を集めています。当社は、国際機関からフェアトレードの認証を取得するべく、今年度から動き始め来年度には認証を得られる予定です。

　これからも美味しさと健康を目指した食品を提供し、社会とともに発展していく使命を実現してまいります。皆様のご理解とご支援に心より感謝いたします。

●改善のポイント

・伝えたい内容を絞る
・表面的な流行ワードの羅列を避ける
・具体的な事例を挙げる

⑤ 打ち合わせの確認メール

　浅川食品株式会社は、海外展開の準備として酒造会社と打ち合わせを始めている。総務部の平井太郎は、日本酒と米菓を組み合わせた販売の広報活動について酒造会社の担当者と打ち合わせることになり、次のようなメールを書いた。

件名：　浅川食品の平井です

本文：

上田酒造・北島様

いつもお世話になっております。先日はお疲れ様でした。来週の木曜日に弊社においでいただけるとのこと、ありがとうございます。こちらは、総務部長と企画担当が打ち合わせに出席いたしますが、御社は何人来られるでしょうか。最寄り駅は、南野原駅ですが、駅から少しわかりにくいので、お迎えに上がるつもりです。よろしくお願いいたします。

浅川食品・平井

　太郎はいつも通り、同僚の本多緑にメールを確認してもらった。

緑

曜日だけじゃなく日付はちゃんと書いたほうが良いんじゃない？　あと、南野原駅と東西線の東野原駅を間違える人が時々いるって聞いたことがあるよ。

　そう言われて太郎が書き直したのが次のメールである。

件名： 6月11日（木）の打ち合わせについて

本文：

上田酒造・北島優子様

浅川食品の平井太郎です。いつもお世話になっております。先日は御社の工場を見学させていただきありがとうございました。その際にお話ししておりました、6月11日（木）の打ち合わせについてご連絡を差し上げております。

当日、弊社からは、総務部長の吉田と企画担当の林が打ち合わせに出席いたします。御社からは北島様を含めて何人参加されるご予定でしょうか。

当社の最寄り駅は、南北線の南野原駅ですが、駅から少しわかりにくいので、駅までお迎えに上がるつもりです。打ち合わせは15時からですので、その10分前に改札口に参ります（改札は一つだけです）。

では、よろしくお願いいたします。

●改善のポイント

・メールの内容がわかる件名にする
・曜日だけでなく、日付を明示する
・発信者の名前を最初に書く
・役職名だけでなく、個人の名前を明示する
・注意事項をより丁寧に説明する

　浅川食品株式会社は、海外での日本ブームをきっかけに、主力商品の一つである米菓の海外輸出を計画している。その準備の一環として、社員全体の英語力向上を目指し、社内英語研修を開催することとなった。総務部の平井太郎は、その募集要項の冒頭に次のような一文を書くことにした。

社内英語研修会参加者募集

総務部では常に社員一人一人のバリューを高めウェルネスを向上させることを目的とし、その一環として研修会を開催しております。マーケットがグローバル化した今、当社も海外に目を向け国際競争力を高め国際情勢に関するレジリエンスを獲得しなければなりません。社全体がそういったバリューを持つためには、一つ一つマイルストーンをクリアしていく必要があります。その第一歩として社員一人一人の英語力を上げることをパーパスとして、総務部では社内英語研修会を開催することにいたしました。研修授業は、定時後に行われますが、多くの社員の皆さんに参加していただくために授業時間終了までを残業と見なします。これが皆さんのインセンティブの一つになれば幸いです。

（以下、詳細情報省略）

　太郎が上のような参加を呼びかける文章を書いていると、同僚の本多緑が通りかかって眼を通した。

緑

英語研修会？　いいなあ、私ももっと英語力磨きたいな。

みんな来てくれるかな？

太郎

緑

いや、これだと弱いね。勉強時間が残業になるってとこをもっと強く言わなきゃ。それに、文章が変に硬いし横文字多いし。英語嫌いな人多いから、このままだとスルーされちゃうかもよ。

そう言われて太郎が書き直したのが次の文章である。

改善例

英語の勉強が残業に!?

皆さんもご存じのように、当社は海外展開を予定しています。そこで必要になるのが英語力です。総務部は、皆さんの英語力アップのため、特別予算を立て、社内英語研修会を開催することとしました。研修会での授業は定時後に行われますが、研修時間は残業として換算します。詳しい研修内容は下記をご覧ください。英語を学んで、当社のおかきやあられを海外の人に食べてもらいましょう！

（以下、詳細情報省略）

●改善のポイント

・見出しをよりキャッチーなものに変える
・硬い文章をより親しみやすいものに変える
・難しい横文字やカタカナ語は避ける

7 博物館の展示説明

　浅川食品株式会社の平井太郎は、日本の歴史が好きで、休日には神社仏閣に参拝したり博物館を見学したりしている。ある日、同僚の本多緑と入った博物館の展示で次のような説明文を見かけた。

伝教大師座像

頭巾をかぶり、袈裟に横披を重ねて禅定に端座する。眉根を寄せる表情は厳しい。伝教大師最澄はいうまでもなく日本天台宗の開祖で、延暦23年（804）に入唐、翌年に帰国して比叡山延暦寺を築いた。本像は、大師の肖像彫刻としては現存最古の遺品である。頭体幹部と両脚部がそれぞれ桧一材からなり、内刳りを施す。元来、素地で仕上げたと思われる。像内の墨書銘から貞応3年造立のことが明らかで、また「大仏師長尾寺住大乗分造」とも記される。もと伊吹山にあった長尾寺関連の仏師の作か。

参考：
・東京国立博物館、京都国立博物館、比叡山延暦寺、朝日新聞社（1986）『比叡山天台の美術』p222より引用

　太郎が上のような文章を読んでいると、同僚の本多緑が通りかかって眼を通した。

緑

なんか、よくわかんない。

確かに歴史とか仏像の知識がないとわかりにくいね。俺が書き直すとしたらどんな感じかな。

太郎

太郎は頭の中で説明文を考えてみた。

 太郎の例

伝教大師座像

　伝教大師とは、平安時代に天台宗を開いた僧、最澄のことである。厳しい表情で頭巾をかぶり袈裟を着て、両掌を膝の上で重ねて座禅を組んでいる。最澄は、延暦23年（804）に当時の中国、唐を訪れ、翌年に帰国して比叡山延暦寺を建てた。

　この像は、最澄の肖像彫刻としては最も古い。頭と胴体と両脚の部分がそれぞれ1本の桧から作られており、乾燥によって割れるのを防ぐため、内部は空洞になっている。色を塗ったり金箔を貼ったりせず、白木だったと思われる。像内に墨で書かれている文字から貞応3年（1224）に作られたことがわかる。「大仏師長尾寺住大乗分造」とも記されており、滋賀県の伊吹山にあった長尾寺関連の仏師の作かもしれない。

参考：
・特別展「最澄と天台宗のすべて」
https://www.artagenda.jp/exhibition/detail/5977

●改善のポイント

・二段落に分けて、読みやすく
・まずは「伝教大師」の定義について説明
・次に像の歴史や構造を具体的に解説
・事実と推測を明確に分ける

アメリカにおける
プレインランゲージの歴史

✎ Kathryn Catania（元PLAIN共同議長）

政府の情報やサービスは、誰にとっても見つけやすく、理解しやすく、利用しやすいものであるべき——これが1970年代に米国連邦政府内で始まったプレインランゲージ運動の柱です。現在、連邦政府は2010年平易記載法[1]に準拠し、情報をわかりやすく伝える義務があります。平易記載法の制定以来、米国連邦政府機関は、サービスを受ける人々とのコミュニケーションを着実に改善してきました。

初期のプレインランゲージ推進運動

1990年代、クリントン政権は2件の大統領令（12866号、12988号）と政府文書のプレインランゲージに関する覚書[2]を発し、プレインランゲージを支持しました。ゴア副大統領もこれを積極的に推進し、プレインランゲージは市民的権利に寄与し、かつ政府への信頼向上につながるとの考えを示しました。同副大統領は、お役所的な言い回しを平易な表現に置き換えた連邦政府職員を毎月表彰しました。

同じ時期、アネッタ・チーク博士を中心とする政府内のプレインランゲージ推進市民グループは、プレインランゲージ・アクション＆情報ネットワーク[3]（PLAIN）を結成しました。PLAINはプレインランゲージのトレーニングを通して政府文書の改善を目指す組織で、連邦プレインランゲージ・ガイドライン[4]も作成しています。

政府文書の平易化を支持する動きは21世紀になっても続き、政府機関はプレインランゲージの手順やプログラムの導入を始めます。例えば退役軍人給付管理局では退役軍人に送る手紙を平易化する訓練を実施しました。また証券取引委員会のプレインイングリッシュの手引き[5]は今でも優れた参考資料として、政府文書の平易化に用いられています。

平易記載法とは？

2003年、チーク博士らは官民のプレインランゲージ提唱者からなる非営利団体センター・フォー・プレインランゲージ[6]を設立しました。同センターは2006年、連邦政府文書の平易な表記の義務化を求め、ロビー活動を開始。4年の歳月と努力を経て2010年10月13日、オバマ

---

1. Plain Writing Act／2. Memorandum on Plain Language in Government Writing／3. Plain Language Action and Information Network／4. Federal Plain Language Guidelines

大統領が平易記載法に署名します。これは大きな前進でしたが、規則類は対象外で、規則類の平易化施行の予算は含まれていませんでした。

平易記載法が政府機関に義務づけている主な内容は次の通りです。

1. 次の文書にはプレインランゲージを使うこと
・給付金や行政サービスを受ける際に必要な文書、確定申告に必要な文書
・給付金や行政サービスに関する情報
・一般市民の義務及び遵守を示す文書

2. 法令遵守報告書を毎年作成し、プレインランゲージのウェブページに掲載すること

当時、私は同僚のエイミー・バンクとともにボランティアでPLAINの共同議長をしていました。同法の制定に先立ち、私たちはPLAIN草創期の1990年代に発表した連邦プレインランゲージ・ガイドラインを改訂し、ウェブでの具体例やユーザーテストの重要性を取り入れました。そして2011年4月、行政管理予算局は平易記載法施行に関する最終ガイダンス[*7]を発表。政府機関の連邦プレインランゲージ・ガイドラインへの準拠が義務となり、PLAINが平易記載法施行の公式の省庁間作業グループに指定されました。献身的なメンバーが月1回活動する小さなグループだったPLAIN

が、一夜にして数百人の連邦職員が参加を求め、各政府機関の平易表記担当者が助言を求めるまでになったのです。そこでPLAINは次のような対応をしました。

・ウェブサイト（plainlanguage.gov）に、平易記載法の基本情報と各機関の課題の一覧を掲載。

・政府機関向けの法令遵守報告書のテンプレートを作成。

・政府機関の幹部に対し、平易記載法施行に向けたプレゼンテーションを作成。全連邦行政部でトレーニングを実施。

・トレーニングのテンプレートに平易記載法への参照を追加。

・プレインランゲージを教えるための研修プログラムを実施。

・PLAINの月例ミーティングをオンライン参加可能に。

・各政府機関の平易表記担当者の一覧をウェブサイトに追加。

こうした活動により、各機関はプレインランゲージに関する情報を着実に蓄積し、体制を整え、平易記載法に積極的に準拠するようになりました。

政府機関におけるプレインランゲージの使用は義務でしたが、平易記載法の準拠を義務にはしていません。そこでセンター・フォー・プレ

5. Plain English Handbook／6. Center for Plain Language／7. Final Guidance on Implementing the Plain Writing Act／8. Plain Language Federal Report Card

51

インランゲージは2012年にプレインランゲージ連邦通知表*8を作成。準拠状況の評価を開始しました。

　さらにセンター・フォー・プレインランゲージは、優れたプレインランゲージを使用する公共・民間部門組織を表彰するClearMark賞を開始しました。

　2018年には、PLAIN共同議長のキャサリン・スパイビーがプレインランゲージ・サミット（年1回）を開始しました。

プレインランゲージの影響と今後

　PLAINの共同議長を務めていた2011〜2019年まで、私は政府機関によりプレインランゲージが浸透していく様子をこの目で見てきました。市民運動から始まったプレインランゲージは、政府全体の実践コミュニティに成長したのです。

　すべての政府機関が平易でわかりやすいコミュニケーションのプロになったわけではありませんが、2010年からは大幅な改善が見られます。平易記載法に準拠することで、指示が正しく伝わり、問い合わせが減少し、顧客満足度や社会的信頼が向上します。政府機関は今後もプレインランゲージのメリットを共有していくことでしょう。

　最近では、プレインランゲージに関する大統領覚書も出ているように、デジタル時代におけるプレインランゲージの需要と価値はますます高まっています。カスタマーエクスペリエンスを重視し、実際にサービスを享受する人々と話して得られるものの価値を第一にしていくことで、連邦政府はコミュニケーションにおけるプレインランゲージの効果を維持していくことができるでしょう。もっとお役所らしい文書にしてほしい、などと言う人はいないのですから。

Profile

Kathryn Catania （キャサリン・カタニア）
米国政府のコミュニケーション担当エグゼクティブ、元PLAIN共同議長

　約20年にわたり政府文書のプレインランゲージを推進。2011〜2019年まで、Plain Language Action and Information Network（PLAIN）の共同議長を務める。

　2020年には、Center for Plain Languageの理事に就任。オンライン国際会議「2020 ACCESS FOR ALL：Plain Language is a Civil Right（すべての人が利用できる権利：プレインランゲージは市民権）」の企画に携わり、同会議でスピーカーを務める。さらにPlain Language Association Internationalの会議でもゲストスピーカーとして登壇。Center for Plain Language ClearMark賞やニュージーランドのWriteMark賞の審査員も務める。

第3章

伝わるビジネス文書 18のポイント

コミュニケーションと
プレインジャパニーズの役割

コミュニケーションは、人々の考えや行動、夢や目標を形作るための手段である。特に業務におけるコミュニケーションや情報発信の目的を効果的に達成するためには、プレインジャパニーズ（ISOプレインランゲージ規格の日本語）が役立つ。

プレインジャパニーズは、明確で誤解を招かないための伝達術である。一般文章であれば、日本の義務教育を終えた人が理解できる文章レベルをターゲットとしている。具体的には、中学2年から高校2年生の国語レベルである。日本語を母語とする人だけでなく、日本語を母語としない人々にも理解しやすいように日本語固有の表現は避け、多様な層の読者に理解してもらう工夫を施す。日本語をまったく理解できない読者は自動翻訳ツールを使用し、文章を読むだろう。そのため、それらAIなどにも理解できる文章になるように工夫することも含まれる。

そうすることで、複雑な日本語を簡潔で明瞭な表現に変え、誤解が生じることなく、読み手に正確に情報を伝えることで、情報の受け手の目的を達成しやすくすることができる。

プレインジャパニーズを用いることは、組織のステークホルダー（利害関係者）との情報伝達を円滑にし、誤解やミスコミュニケーションを減少させる効果がある。これにより、業務の効率化や信頼関係の構築に貢献することができる。それだけでなく、学校教育の場においても、論理的表現を育成する効果が期待される。また、プレインジャパニーズを用いることで、幅広い人々に情報を正確に伝え、社会全体のコミュニケーションの質を向上させるとともに、社会においても円滑な意思疎通と目的達成に効果的である。

ISOプレインランゲージの「主導原則」

ISOプレインランゲージ規格の「主導原則」には、忙しい読み手（情報の受け手）を想定し、発信者には①必要な情報を見つけやすく提供する工夫、②スピーディーに要点が理解できる工夫、③簡潔で明確な表現を使い、誤解を招かないための工夫、④読みやすさと読み疲れさせないために視覚的にも配慮を施すための工夫が求められている。それは情報を発信する側と受ける側の「双方にとってお金と時間の節約ができ、信頼構築に重要な手段である」と記述されている。

この章では、プレインジャパニーズの実践に向けたガイドラインを解説する。このガイドラインは、ISOプレインランゲージ規格の基本原則に基づき、米国連邦政府が発行するプレインランゲージガイドラインも参考にしながら、日本プレインランゲージ協会が日本語に適した内容に編纂したものである。

プレインジャパニーズの18のポイント

1　読み手を明確にする

文書を書き、情報を発信する側（以下「書き手」）は、その目的を明確にし、文書を読み、情報を受け取る者（以下「読み手」）が誤解なく理解できるようにすることを重視する。また、読み手が目的に沿って判断し、行動に移せるよう動機づけを行うことも重要である。そのためには、最初に「発信の目的と読み手を明確にする」ことが求められる。

読み手を明確にせずに作られた文書は、次のような問題を起こす可能性がある

　盛り込む内容や説明が不十分であったり、過剰であったりすることで、誤解を招いたり、納得が得られなかったりする。また、言葉遣いや文体、漢字・カタカナ語・専門用語の選択に問題があると、イラストや図表のデザインが魅力に欠け、読む意欲を失わせる内容となる。その結果、強調したい点や念を押したい焦点がぼやけ、情報の重要性や書き手の熱意が伝わらなくなる。

読み手の顔を思い浮かべ、その特性を分析する

　まず、読み手を特定の個人やグループとして明確にすることが重要である。その際、読み手の年齢、経験、語彙力、読むために割ける時間、読む意欲、文化的背景などを考慮する必要がある。この作業は、身近な人の中から想定される読み手を選び、その人の顔を思い浮かべながら行うと効果的である。

　読み手の特性を分析する際には、次のような質問を特定の人やグループに問いかけたり、自問自答してみるとよい。

- ☑ 読み手は、仕事や生活の中で文書を読むことを苦にしない人か？
- ☑ 読み手が文書を読む気にならないとすれば、その原因は何か？
- ☑ 読み手は、文書の内容に関してどの程度知識を持っているか？
- ☑ 読み手は、文書の内容に対してどのような疑問を持つか？
- ☑ 読み手にとって、文書を読むメリットは何か？
- ☑ 読み手にとって、文書を読まないことのデメリットは何か？

　まず読み手の特性を分析した結果に基づき、文書に含めるべき内容を選別する。次に、読み手の特性が分析できたら、書く目的（誰に何を伝え、どういう行動を促したいのか）と内容を整理する。盛り込むべき内容は、書き手（自分、自社）ではなく、読み手がどういう情報を求めているのかを考えて決める。読み手の求めている情報を発信することで読み手の興味を引き、期待する行動へとつなげることできる。ネガティブな内容・情報であればなおさら、隠したり、不明瞭な表現をしたりせず、毅然とした態度で情報発信すること。

　情報を詰め込んだり、大切なことがあちこちに散在していたりすれば、読み手が必要な情報を探すのに苦労し、読むのにも負荷がかかる。これらは読んでもらえない原因になる。読み手の欲する情報を優先し、重要な順から述べる。逆にそれに値しない情報は削ることも躊躇してはいけない。

　情報整理をするとともに構成、見出し、使う言葉の選択、配慮されたデザインをイメージしてから作成すると、効果的な発信になる。

　そのような情報の整理がされた文章を読んだ読み手は「あなたが自分を気にかけてくれている」、「忙しい私の時間を気づかい、気が利くな」などと感じ、発信者やその文章に対しての印象が高まる。
　読み手の分析結果やニーズに基づき、次のような、文書に書き込むべき内容を取捨選択する。

- 結論/要点
- 結論/要点の根拠
- 根拠の正しさを示す具体的な事例
- 伝えるべき特例や補足情報
- 内容の理解を補う図表やデザイン要素

文書に含める内容が多すぎると、読み手が要点をつかめなくなる可能性がある。逆に情報が少なすぎると、根拠が飛躍していると感じられることがある。そのため、情報の過不足を繰り返しチェックすることが重要である。

文書の種類を選択する

　読み手の特性や目的に合った文書の種類（例：メール、ウェブページ、マニュアル）を選択する。文書ではなくビデオなどの使用も、その使用が適切なら検討する。

文体（だ・である調、です・ます調）を決める

　「だ・である調」は、「〜だ」や「〜である」で締めくくる文体であり、正式名称は「常体」という。「だ・である調」はストレートな表現であるため、簡潔明瞭で、読み手に対し、内容が正確であるかのような印象や説得力を与えることができる。また、力強く自信のある雰囲気で伝えることができる。このため、内容の信頼性が重要な場合は、「だ・である調」を使うことがある。

　「です・ます調」は、「です」や「ます」で締めくくる文体であり、正式名称は「敬体」という。「です・ます調」を使うと、丁寧さと柔らかさを伝えることができるため、「文章を読む」という行為に対する抵抗感が減る。また読み手に、内容も平易であるかのような印象を与えられる。このため、読み手が内容を理解できるかどうか不安を抱えている可能性がある場合は、「です・ます調」を使うのがよい。

「だ・である調」と「です・ます調」は混在させず、いずれかに統一して使う。「だ・である調」は論文、レポート、マニュアルなど、「です・ます調」はビジネスメール、ウェブ記事（例：企業紹介、商品紹介）などに向いている。文体についても、読み手の特性や目的を基準に選ぶことが大切である。

● 「だ・である調」と「です・ます調」の比較

だ・である調	です・ます調
「常体」ともいう	「敬体」ともいう
簡潔明瞭で説得力がある	丁寧で柔らかい
要点をとらえやすい	親しみやすい
論文、レポート、マニュアルなどに使用するとよい	ビジネスメール、ウェブ記事などに使用するとよい

5W2Hを意識する

　文書を作成する際には「5W2H」を意識すべきである。「5W2H」を意識すれば、情報に抜けや漏れがないかを確認できる。また、「誰が・何を・いつ・どこで・なぜ・どのように・どのくらい」が明確になるため、具体的な情報を迅速に伝えられる。なるべく文書の見出しと始まりの部分で、5W2H、少なくともWho（誰が）、What（何を）、When（いつ）、Where（どこで）を知らせることによって、相手に効率よく情報を伝えることができる。

```
           ┌ Who ·················· 誰が
           │ What ················ 何を
           │ When ················ いつ
    5W2H ──┤ Where ··············· どこで
           │ Why ················· なぜ
           │ How ················· どのように
           └ How much/many ······· どのくらい
```

結論を文頭に置く

結論を先に述べる

　多くの日本語の文書は「起承転結」の順に書かれている。しかし、業務上の情報発信や説明責任を果たすことを目的とした文章では、読み手に明瞭かつ迅速に理解を促すために、最初に結論や大切な要点を述べる文書構成をプレインジャパニーズでは推奨する。

　現代のグローバル化と情報化社会において、私たちは多くの情報にさらされている。そのため、提供される文章や情報の要点を先に知りたいと考える人が増えている。これは、自分にとって必要な情報かどうかを素早く判断するためである。

　1970年代から政府主導でプレインランゲージが推進されている欧米では、まず結論や最も重要なポイントを述べ、その後に理由や事例を説明する順序が一般的である。この方法により、読み手は情報の目的やポイントを最初に把握し、自分に必要な情報かどうかを簡単に判断し、時間を節約することができる。

　また、文書の発行者の目的や文書の結論があらかじめ理解できれば、発行者の役割や立場を考慮し、その文書が発行された理由を予測することができる。たとえば、要点が要約されて見出しに示されていれば、忙しい読み手は本文を読まなくても先に要点をつかみ、その後は流し読みすることで文書全体の概要を素早く理解できる。

　忙しい読み手を想定し、結論や要点を最初に述べ、その後に理由や事例をシンプルに伝えることが重要である。

改善前

見出し：「概況」

本文：当社は、長年にわたり製造業界でのリーダーシップを築いてまいりました。高品質な製品と優れた顧客サービスを提供することで、多くの信頼を獲得してきました。顧客満足度の向上を目指し、絶えず改善と革新に努めています。

しかし、近年の市場環境の変化や競争の激化により、当社も新たな課題に直面しています。特に、海外市場への進出やデジタル化の波に対応するためには、従来のビジネスモデルを見直す必要が出てきました。これにより、社内の体制やプロセスの再構築が求められています。

こうした背景を踏まえ、当社は包括的な戦略的改革を進めることを決定しました。まず、海外市場への本格的な参入を果たすために、現地パートナーとの提携を強化しました。また、デジタル技術を活用した新しい製品開発やマーケティング手法を導入し、顧客との接点を広げる努力をしています。さらに、社員のスキルアップを図るための教育プログラムも充実させました。

結果として、これらの改革により、当社は市場競争力を大幅に強化し、新たな成長の道を歩み始めています。今後も顧客満足を第一に考え、柔軟かつ迅速に対応することで、さらなる飛躍を目指してまいります。

改善後　要点を最初に

見出し（要点）：「市場競争力の強化により、新たな成長段階へ」

本文：当社は市場競争力を大幅に強化し、新たな成長段階へ歩を進めています。

（理由）
これは、近年の市場環境の変化や競争の激化に対応するために、従来のビジネスモデルを見直し、包括的な戦略的改革を進めた結果です。

（事例や具体例）
具体的には、海外市場への本格的な参入を果たすために現地パートナーとの提携を強化しました。また、デジタル技術を活用した新しい製品開発やマーケティング手法を導入し、顧客との接点を広げる努力を行っています。さらに、社員のスキルアップを図るための教育プログラムも充実させました。こうしたことにより、高品質な製品と優れた顧客サービスを提供し、多くの信頼を獲得しています。

（要点）
今後も顧客満足を第一に考え、柔軟かつ迅速に対応することで、さらなる飛躍を目指してまいります。

PREP法を使う

　英語圏やEU諸国では、ビジネスの場でPREPと呼ばれるコミュニケーション法が使われている。PREPとは、要点（Point）、理由（Reason）、事例（Example）、要点（Point）の意味で、それぞれの頭文字をとったものである。

　「要点または結論を最初に述べ、その後に理由や事例を挙げ、最後にもう一度要点を繰り返し念を押す」という流れである。日本でも最近のビジネス書でこの手法が紹介されており、プレゼンや報告書などで実践しているビジネスパーソンも多い。誤解を招かないよう、明瞭で単刀直入に説明することは生産性・効率性の向上にもつながり、双方にとって合理的な意思疎通と言える。回りくどい前置きは避け、最初に要点を述べるPREP法で、コミュニケーションやプレゼン、情報発信の目的達成とその効果を高めることが重要である。

　PREP法を使うことで、読み手の理解や共感を得やすい文書を作ることができる。

要点（Point）→理由（Reason）→事例（Example）→要点（Point）

区分	文
要点 （Point）	「人的資源の活用」 当社は人的資源を効果的に活用することで、業績を向上させています。
理由 （Reason）	人的資源の適切な活用は、生産性の向上とイノベーションの促進に不可欠だからです。
事例 （Example）	たとえば、社員のスキルを評価し、それに基づいた適材適所の配置を行いました。また、定期的なトレーニングプログラムを導入し、社員の専門知識とスキルを継続的に向上させています。

	さらに、オープンで風通しのよいコミュニケーション環境を整え、社員の意見やアイデアを積極的に取り入れる仕組みを作りました。
要点 （Point）	これにより、社員のモチベーションが向上し、会社全体の業績が大幅に改善されました。今後も人的資源の活用を重視し、さらなる成長を目指してまいります。

ポイント 4 接続詞を活用する

接続詞を上手に使う

　読みやすく理解しやすい文書を作成するためには、接続詞を上手に活用することが重要である。接続詞は文章の流れをスムーズにし、情報の関連性を明確にすることで、読み手にとって理解しやすい文書を作るのに役立つ。

　たとえば、「しかし」を使うことで前述の内容との対比を示し、「さらに」を使うことで追加の情報を提供できる。また、「したがって」を使うことで原因と結果の関係を明確にし、「一方で」を使うことで異なる視点や対立する意見を示すことができる。このように、読み手は情報の流れを容易に追い、内容を理解しやすくなる。

　よって、接続詞を効果的に使用することで、文章の論理性が高まり、読み手にとって一貫性のある文書を提供することができる。

種類	よく使われる接続詞・句
順接	だから、それで、そこで、したがって、ゆえに、すると、そのため、このため、よって
並列	また、および、かつ、ならびに、同じく
逆接	しかし、だが、けれども、けれど、ところが、とはいえ、にもかかわらず、それでも
添加	そして、しかも、その上、さらに、おまけに、かつ、また、ならびに、あわせて、加えて、そればかりでなく

（よく使われる接続詞・句の例は資料編を参照）

指示詞（この、その、あの）を活用する

　接続詞とともに指示詞（この、その、あの）を使うことで、文の関係性が明確になる。指示詞は前後の文や段落とのつながりを示すことで、読み手にとって情報の関連性を理解しやすくする。

　たとえば、「このプロジェクトは成功しました」と述べた後に、「その理由は市場調査が徹底して行われたからです」と続けると、プロジェクトの成功と市場調査の関係が明確になる。また、「この会議で決定された方針に従い、次のステップを進めます」とすることで、具体的な会議とその後の行動の関連がはっきりする。

　このように指示詞を使用することで、文と文の間のつながりが明確になり、読み手にとって理解しやすい文書を提供することができる。ただし、指示詞を使う際には、指示対象を明確に記述すること、また、指示詞が示す内容が文脈から明確にわかるようにすることが大切である。

ポイント 5 読みやすいデザインにする

　情報を効果的に伝えるためには、文書の視覚的なデザインが重要である。フォントやレイアウトは、読み手の興味を引きつける大きな要因となる。視覚的なデザインは、読み手の注意を引き、情報の理解と記憶を促進する役割を果たす。適切なデザインは情報の整理を助け、読みやすさを向上させ、読み手が重要なポイントを迅速に把握できるようにする。視覚的に整理された文書は、読むことへの抵抗感を軽減し、情報の吸収をスムーズにする。

　情報を効果的に伝えるためには、特に以下の3つを考慮し、読みやすいデザインになるよう配慮する。

①適切な行間を選ぶ
②テキストや画像を効果的に配置する
③余白を効果的に使う

　グラフや図を用いることで、複雑なデータを視覚的に簡単に理解できる。たとえば、売上データを折れ線グラフで示すことで、増減の傾向を一目で把握できる。また、ピクトグラム（シンプルで直感的な図や記号）やアイコン（特定の機能や情報を視覚的に示すために使われる小さな画像やシンボル）を使用することで、視覚的なヒントを提供し、読み手が情報を迅速に解釈できるようにする。

「ポイント5：読みやすいデザインにする」ピクトグラムの例

また、余白を適切に使用することで、情報が詰め過ぎにならず、読み手が各セクションを独立して認識しやすくなる。

- **フォントや色使い**: 見やすいフォントを選ぶ。目に優しい色を選び、強調部分にはアクセントカラーを用いる。

フォントや色の選択も重要である。重要なデータを太字や色で強調することで、読み手がすぐに重要な情報にアクセスできるようになる。見やすいフォントや、適切なフォントサイズと行間を使用することで、文書全体の可読性を向上させることができる。

また、配色も心理的な影響を与え、適切なカラースキームを選ぶことで文書全体のトーンや印象をコントロールできる。

カラースキームとは、特定の目的やコンテキストに応じて選ばれた一貫性のある色の組み合わせのことである。適切なカラースキームは、視覚的な魅力を高め、情報の伝達を助け、ブランドやデザインの一貫性を保つために重要である。たとえば、医療関連のウェブサイトでは、信頼性と安心感を与えるために青や緑がよく使われる。一方、子供向けの製品では、明るく楽しい雰囲気を出すためにカラフルな色が使われることが多い。

これらのポイントを工夫することで、プロフェッショナルな印象を与えつつ、効果的にメッセージを伝えることが可能となる。また読み手にとって理解しやすく、記憶に残りやすい文書を作成することができる。視覚的デザインは、単に見た目の美しさを追求するだけでない。情報の整理と強調、読みやすさの向上を目的としており、最終的には読み手の理解と行動を促すための重要な要素である。

段落には効果的な見出しを付ける

　見出しの役割は、読み手が一目でその文書のテーマや伝える目的、内容をイメージできるようにすることである。適切な見出しがあれば、読み手は段落の内容を推測できるため、見出しを読むだけで文書の内容を素早く理解し、次の行動に移すことができる。また、読み手は興味のある部分や必要な情報を迅速に見つけることができる。このように見出しは文書全体の論理構造を明確にし、情報の流れをわかりやすくする。その結果、文書の可読性と情報の伝達効率が大幅に向上する。

●見出しの種類

見出しの形式	説明	情報理解への効果	見出しの例
①疑問型	相手の興味を引き、本文を読む動機を高めるための、問いかけ形式の見出し	◎	なぜ、プレインジャパニーズが効果的なのか？
②情報要約型	記事や段落の主な内容を簡潔にまとめた見出し	◎	プレインジャパニーズで伝達効率をアップ
③トピックス型	短いフレーズまたは単語の見出し	△	解説 概要 概況 はじめに

① **疑問型**：疑問型見出しは、相手の興味を引くのに効果的である。読み手に問いかける形式のため、自然に答えを知りたいという欲求を喚起する。読み手に対して問題を提示し、その解決方法や答えを予感させ、本文を読む動機を高める効果的な手法である。

② **情報要約型**：情報要約型見出しは、記事や段落の主な内容を簡潔にまとめた見出しである。見出しを読めば、段落の要約が理解で

きるため、見出しだけを「飛ばし読み」するだけで、文書全体に書かれている内容を知ることができる。

③ **トピックス型**：トピックス型見出しは、日本の公文書や論文で最もよく目にする見出しである。段落の内容の推定にはあまり役に立たず、読み手は本文から情報を探す必要が出てくる。

なお、読み手がすぐに内容を理解できるよう見出しを付けるには、次の点に注意するとよい。

☑ 明確で簡潔な言葉を使い、内容を端的に示す
☑ 長すぎる見出しは避け、短く明瞭にする

見出しが長すぎると内容が難しく感じられてしまう。

☑ 一貫性を保ち、スタイルを統一

同じレベルの見出しは同じフォント、サイズ、色などで統一し、階層構造を明確にする。

☑ 主見出し、副見出し、小見出しの順で、段落やセクションの関係性を示す
☑ 主要なキーワードを含める
☑ 内容を正確に反映する
☑ 誤解を招くような見出しは避ける

一つの段落には一つのまとまりの情報を記載する

大切な情報を読み手に確実に伝えるためには、一つの段落に一つのまとまりの情報だけを書くとよい。これにより、段落が短くなっても文書が読みやすく、理解しやすくなる。また、作成者にとっても情報の流れを整理しやすくなり、適切な見出しを付けやすくなる。

箇条書きを使う

　同じ位置づけの項目が3つ以上ある文章は、箇条書きを使用することで、よりわかりやすく整理できる。以下の3つが箇条書きの利点である。

- **情報の明確化**：複数の情報が目立つ形で示され、情報を見落とすリスクが減少する。
- **集中力の向上**：箇条書きで提示された情報を得た後に、取るべき行動に集中しやすくなる。
- **理解の促進**：情報が整理されることで、全体の内容を迅速に把握できる。

●情報を羅列した文と、箇条書きにした文の比較

改善前	改善後　箇条書き
【お客様対応の改善点】 お客様対応の改善点として、まず応答時間の短縮が必要です。これには、スタッフの増員とシステムの自動化が含まれます。次に、トレーニングの強化が重要です。特に、新人研修と定期的なスキルアップセミナーの導入を検討しています。さらに、フィードバックシステムの導入も考えています。お客様からのリアルタイムなフィードバックを収集し、それを基にした改善策を即時に提示することで、お客様満足度を向上させることが目標です。	【お客様満足度を向上させるために】 ① 応答時間の短縮 　・スタッフの増員 　・システムの自動化 ② トレーニングの強化 　・新人研修 　・定期的なスキルアップセミナーの導入 ③ フィードバックシステムの導入 　・お客様からのフィードバックをリアルタイムで入力 　・フィードバックに基づく即時改善策の提示

番号リストを使う

　番号リストは、箇条書きと同様にわかりやすさを向上させる表記方法である。番号リストを使用するメリットは以下のとおりである。

- **情報のランク付け**：情報を重要な順に示すことができる。
- **情報の時系列化**：出来事を発生した順に表示できる。
- **手順の表示**：必要な手順をすべて簡単に表示できる。

●番号リストを使った例

カード発行までの流れは下記のとおりです。

1. 会員規約等への同意
   会員規約等をご確認いただきます。

2. お客様情報の入力
   必要事項をご入力ください。

3. お申込み完了
   お申込み受付のEメールをお送りしますのでご確認ください。

4. 審査・発行手続き
   入会手続きの際、お申込みのご確認のため、ご自宅・携帯電話・お勤め先へお電話にて確認させていただく場合がございます。ご了承ください。

5. カード発行
   お申込み後、最短2営業日でカードを発行し、ご自宅に郵送します。

表やイラストを使用する

　文字がぎっしり詰まった文書よりも、表やイラストを挿入した文書のほうが、読み手の興味を引き、理解を深めるのに有効である。

次は、文字のみの文書と、表を使って読みやすくした文書の例である。

●文書で説明した例

新製品の特徴説明
この新製品は、4K対応の高解像度ディスプレイによる鮮明な映像体験、重さ500gの軽量デザインによるモバイル性、一度の充電で10時間使用可能な長時間バッテリーによる利便性、最新のクアッドコアプロセッサによる高パフォーマンス、デュアルレンズカメラと夜景モード対応の多機能カメラによる多用途の写真撮影を特徴とする。

●表を使って説明した例

製品の特徴説明

特徴	説明	利点
高解像度	4K対応の高解像度ディスプレイ	鮮明な映像体験
軽量デザイン	重さわずか500gで持ち運びが容易	モバイル性
長時間バッテリー	一度の充電で10時間使用可能	利便性
高速プロセッサ	最新のクアッドコアプロセッサ搭載	高パフォーマンス
多機能カメラ	デュアルレンズカメラ、夜景モード対応	多用途の写真撮影

　上記のように表にすることで情報を視覚的に整理し、重要なポイントを強調するのに効果的である。

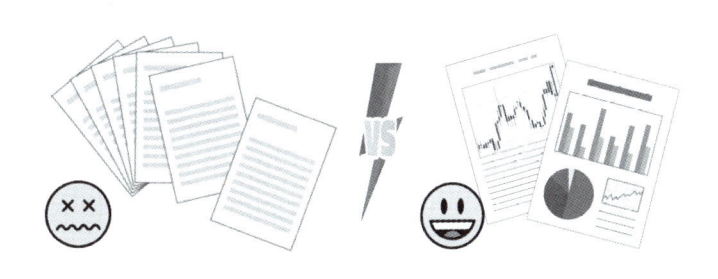

ポイント5：読みやすいデザインにする

イラストを使う際には次の点に注意する。

- ・意味のないイラストの使用は避ける。
- ・イラストはできるだけシンプルにする。
- ・イラストは説明文の近くに配置し、明快なキャプションを付ける。
- ・イラストの周りには余白を設け、目に留まりやすくする。

フォント、フォントサイズ、行間を工夫する

　使用するフォントやフォントのサイズは文書の見た目に影響を与える。また、本文の行間が狭すぎると、文字が詰まった窮屈な印象になり、読みづらい文書になる。行間は狭すぎず、広すぎず、適度な行間で設定することが重要である。読みやすい行間の目安は、文字サイズの0.5～1.0倍である。

十分な余白をとる

　文字がぎっしり詰まった文書は、読み手に「後で読もう」と思わせ、すぐに読んでほしい文書も後回しにされる傾向にある。見出し、図表、箇条書きを活用し、余白を多く設けて情報を視覚的に分割することで、読みやすさが向上する。

　たとえば、規則やルールの伝達では、箇条書きや表を使うことで、守るべき項目やその期限を見落とすリスクが軽減される。

●文字が詰まった場合と十分な余白がある場合の比較

改善前 → 改善後 **十分な余白**

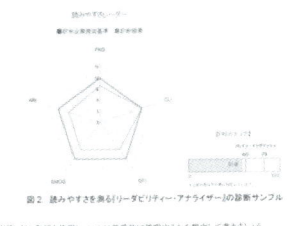

目次、索引を付ける

　書籍やデータ集のように文章量や情報量が多い資料には、目次や索引を付けるとよい。こうすることで必要な情報を簡単に検索でき、読み手にとって親切である。オンラインでデータを提供する場合、目次や索引と本文に相互にリンクをはることで、さらに検索が容易になる。

補足情報は分けて記載する

　参考資料や出典の一覧、詳細な説明など、補足的な情報を含める必要がある場合は、文書の後半に付録や参考文献として、本文と分けて記載するのがよい。

ウェブアクセシビリティを高める

　現在、組織や企業の情報発信にウェブが利用されており、ウェブアクセシビリティを高めることは、ウェブサイトをユーザーが快適に利用するために重要な要素である。また利用者には、視覚障害、聴覚障害、運動障害、認知障害など、さまざまな障害を持つ人々が含まれている。企業の社会的責任を果たし、こうしたユーザーにも平等に情報を提供する姿勢は、企業の信頼性とブランド価値を向上させる。ウェブアクセシビリティに関する法律やガイドラインは多くの国で定められており、これに従わない場合は法的な罰則を受ける可能性がある。

　アクセシビリティに配慮したデザインは、検索エンジン最適化（SEO）を向上させ、ウェブサイトへのアクセスが増えやすくなる。これらの理由から、アクセシビリティを考慮したウェブサイトの設計は、現代のウェブ開発において不可欠な要素である。

　「ウェブアクセシビリティ」については、ウェブの技術・仕様の標準化を推進するW3Cが提唱しているガイドラインの参照を推奨する。（https://www.w3.org/WAI/standards-guidelines/wcag/）

　なお、ウェブサイトではマルチメディアを使うことで、より効果的に情報を伝えることができる。マルチメディアとは、音声、画像、動画などのさまざまなメディアを組み合わせて情報を伝える手法のことである。単に文字だけでなく、音声や動画を加えることで、読み手の理解が深まる。

⑥ 漢字とひらがなの割合に気を付ける

漢字とひらがなの割合は3対7

漢字が多すぎる文章は、読み手に威圧感を与え、読む気をそぐ。一方、ひらがなが多すぎる文章は、幼稚な印象を与える。一般的な文章では、漢字を3割、ひらがなを7割の比率にすることを推奨する。ただし、法律文書や契約書などは、その性質上、漢字の割合が多くなる傾向がある。漢字とひらがなの割合は（株）エイアンドピープル（および日本プレインランゲージ協会）と東京大学で共同開発した「日本語読みやすさの診断ツール」の機能を使って確認できる（108ページを参照）。

改善前

京都の伝統的祭りの祇園祭は、毎年7月に開催され、多数の観光客で賑わう。祭りの期間中、町全体が華やかに装飾され、山鉾巡行等が開催される。この行事は、古代から伝統を継承する重要文化財で有り、地域住民の絆を深める役割も果たす。

改善後　漢字を3割に変更

京都の伝統的な祭りである祇園祭は毎年7月に行われ、多くの観光客が訪れる。祭りの期間は、町全体に華やかな飾りが付けられ、山鉾巡行（やまほこじゅんこう）などのイベントが行われる。この祭りは、古くからの伝統を守る大切な文化財であり、地域の人々のきずなを深める役割も果たしている。

また漢字で書くか、ひらがなで書くか、使い分けに迷う場合もある。使い分けのための明確な決まりはないが、ひらがなで書いたほうがわかりやすい言葉を次に挙げる。

●漢字ではなく、ひらがなで書いたほうがわかりやすい言葉

改善前	➡	改善後　ひらがなで書く
位		くらい
程		ほど
の様だ		のようだ
（やむを得）無い		ない
有難う		ありがとう

ポイント 7 句読点の使い方を工夫する

句読点を適切に使う

　句読点の使い方に絶対的なルールはないが、使い方次第で文章の読みやすさが変わる。

●句読点の種類と例

種類	例
句点	「。」（丸）、「.」（ピリオド）
読点	「、」（点）、「,」（コンマ）

　論文などではピリオドとコンマを使うこともあるが、ビジネス文書では丸と点を使う。

　わかりやすい文章にするための読点の位置は次のとおりである。

1.「主題」の後

　主題の後に読点を打つと、主題が明確になりわかりやすくなる。ただし、文が短い場合には読点を使用しないこともある。

<table>
<tr><td>改善前</td><td>改善後　主題の後に読点を打つ</td></tr>
<tr><td>当社のサステナビリティ推進の施策はサステナビリティ委員会で審議・決定しています。</td><td>当社のサステナビリティ推進の施策は、サステナビリティ委員会で審議・決定しています。</td></tr>
<tr><td>専門用語は語の性質や使う場面に応じてわかりやすくする工夫をする。</td><td>専門用語は、語の性質や使う場面に応じてわかりやすくする工夫をする。</td></tr>
</table>

2.「漢字やひらがなの区切り」や「意味の切れ目」の後

　漢字やひらがなが連続して使用されている場合、漢字やひらがなの区切りや意味の切れ目に読点を打つことで、誤読を防ぐことができる。

<table>
<tr><td>改善前</td><td>改善後　意味の切れ目に読点を打つ</td></tr>
<tr><td>今後事業化に向けて計画を作成中である。</td><td>今後、事業化に向けて計画を作成中である。</td></tr>
<tr><td>疑問に感じていることやさらに知りたいと感じていることを教えてください。</td><td>疑問に感じていることや、さらに知りたいと感じていることを教えてください。</td></tr>
</table>

3.「理由・条件・目的」の後

　「理由・条件・目的」の後に読点を打つと、読点の前の意味が引き立ち、文の内容が明確になる。

<table>
<tr><td>改善前</td><td>改善後　理由・条件・目的の後に読点を打つ</td></tr>
<tr><td>もし顧客がこの提案に同意すればプロジェクトは来週から開始できる。</td><td>もし顧客がこの提案に同意すれば、プロジェクトは来週から開始できる。</td></tr>
<tr><td>顧客への提案を行うためミーティングで社員の意見を募った。</td><td>顧客への提案を行うため、ミーティングで社員の意見を募った。</td></tr>
</table>

4.「接続詞」の後

接続詞の後に読点を打つと、文章の展開がつかみやすくなり、わかりやすい文章になる。

改善前	➡ 改善後　接続詞の後に読点を打つ
ちなみにそのうちの約4割が海外の大学に進学している。	ちなみに、そのうちの約4割が海外の大学に進学している。
したがって納品物の再チェックが必要である。	したがって、納品物の再チェックが必要である。

読点をどこに打てばよいかわからない場合や、使い方が間違っていないか確認したい場合には、文を声に出して読んでみるのがよい。声に出して読んでみて、息継ぎがしやすい場所に読点が打たれていれば問題ない。逆に息継ぎする場所がまったくない場合は、読点を増やすよう試してみるのがよい。

ポイント 8　文を短くする

一文40〜50文字の短い文を心掛ける

読みやすい文の長さは、文を声に出して読んだとき、息継ぎせずに無理せず読める長さが望ましい。日本語では、おおよそ40文字から50文字の文の長さが適切とされる。それより長い場合は読みやすくするために、文を2つに分けるとよい。また、不必要な修飾文は思い切って削除するとよい。

長い文は単語間の関係が複雑になり、読み手は理解するために何度も読み直すことがある。その結果、誤解が生じる可能性が高まり、途中で読むのをやめてしまうこともある。

ただし、文は短ければ短いほどよいわけではない。10文字や20文字の文が連続すると、文章のリズムが乱れ、読みづらくなるので注意が必要である。

一つの文には一つの情報だけを書く

一つの文に複数の意味を詰め込まず、各文が単一の明確なメッセージを伝えるようにする。そうすることで、文章が明確でわかりやすくなり、読み手に効果的にメッセージを伝えることができる。一文に複数の意味を含めると、情報が混乱しやすく、文の主旨が曖昧になり、誤解を招く可能性が高くなる。

さらに、文が長く複雑な文章は、読み手が途中で疲れたり、集中力を失ったりする。

また、翻訳をすることを前提とした場合、複雑な文は他の言語に正確に翻訳するのが難しくなる。逆に、原文の日本語を短い明瞭な文にすると、誤訳も回避でき、翻訳後の訳文も読みやすくなる傾向がある。

これらの理由から一つの文には一つの情報だけを書くように心掛けることが、明確で効果的なコミュニケーションには重要である。

例1：原因と結果を述べた長文を短文にする

改善前 ➡ **改善後** 長文を短文にする

改善前	改善後
この10年の不規則な生活習慣と運動不足が重なった結果、体重が増加し、高血圧や糖尿病などの生活習慣病のリスクが高まっただけでなく、慢性的な疲労感や集中力の低下に悩まされるようになり、日常生活や仕事のパフォーマンスにも大きな影響を及ぼすことになった。	この10年、体重が増加し、高血圧や糖尿病などの生活習慣病のリスクが高まった。仕事が忙しく、不規則な生活習慣と運動不足が重なったせいだ。さらに慢性的な疲労感や集中力の低下にも悩まされるようになった。このため、日常生活や仕事のパフォーマンスにも大きな影響が出た。
大規模な技術革新とデジタル化の進展により、伝統的な産業が急速に衰退し、多くの労働者が職を失い、新たなスキルを習得する必要に迫られた一方で、新興企業や新たな産業が成長し、経済構造の大きな変化がもたらされることとなった。	大規模な技術革新とデジタル化の進展は、経済構造に大きな変化をもたらした。たとえば、伝統的な産業が急速に衰退した。一方、新興企業や新たな産業が成長した。その結果、多くの労働者が職を失い、新たなスキルを習得する必要に迫られた。

例2：二つの事象を対比させた長文を短文にする

改善前 ➡ **改善後** 長文を短文にする

改善前	改善後
都市部では人口が急増し、交通渋滞や住宅不足が深刻化しているが、地方では過疎化が進み、空き家や廃校が増加している。	都市部では人口が急増し、交通渋滞や住宅不足が深刻化している。一方で、地方では過疎化が進み、空き家や廃校が増加している。

例3：3つ以上の項目を列挙した長文を箇条書きにする

企業は社会的責任を果たすために、環境保護に努め、労働者の権利を尊重し、公正な取引を行い、透明性を維持し、コミュニティに貢献し、持続可能な発展を目指すことが求められる。

改善後 　箇条書きにする

企業は社会的責任を果たすために、以下を守り持続可能な発展を目指すことが求められる。
・環境保護に努める
・労働者の権利を尊重する
・公正な取引を行い、透明性を維持する
・コミュニティに貢献する

例4：ある一つの事象に別の事象を追加した長文を短文にする

改善前

政府が公共交通機関のインフラを改善した結果、都市の経済活動が活発化し、地域全体の発展が促進された。

改善後 　長文を短文にする

政府が公共交通機関のインフラを改善した。その結果、都市の経済活動が活発化し、地域全体の発展が促進された。

新しい教育カリキュラムを導入した結果、学生の学力が向上し、それに伴い学校全体の評価も上昇し、入学希望者が増加した。

新しい教育カリキュラムを導入した結果、学生の学力が向上した。それに伴い学校全体の評価も上昇し、入学希望者が増加した。

例5：主文の内容に関連する情報を補足した長文を短文にする

改善前

新しい交通システムの導入により、通勤時間が短縮されただけでなく、環境への負荷も軽減され、地域の生活の質が向上する結果となった。

改善後 　長文を短文にする

新しい交通システムの導入により、通勤時間が短縮された。それだけでなく、環境への負荷も軽減され、地域の生活の質が向上した。

日常的な単語や表現を使う

親しみやすい言葉を選ぶ

　読み手にとってわかりやすい身近な言葉を使う。また、同じ意味の言葉は同じ表現を繰り返し使い、文書内で用語を統一することで、読み手が混乱しないようにする。

日常的な単語や表現を使う

　声に出して読んだときに自然に感じる言葉を選ぶ。読み手に合わせて適切な表現を工夫し、難しい言葉や堅苦しい言葉は避ける。

堅苦しい言葉	親しみやすい言葉
閑静な住宅街	静かで落ち着いている住宅街
彼は叡智を尽くして問題解決に取り組んだ	彼は深い知恵と知識を使って問題解決に取り組んだ
典雅な雰囲気をかもし出す建築物	上品で優雅な雰囲気を漂わせる建築物
ご検討のほどお願い申し上げます	ご検討ください

改善前	➡ 改善後　わかりやすい表現
肝要	重要、大切
忌憚のない	率直な、遠慮のない
期する	目指す、期待する
従前の	これまでの
即応した	ふさわしい、かなった

専門用語は最小限に抑える

　読み手が文書の内容に関する専門家でない場合、専門用語は避けるべきである。専門知識がない読み手は、専門用語が多いと内容を理解しづらくなり、疎外感を感じて途中で読むのをやめる可能性がある。そのため、できるだけ日常的な言葉で文書を作成することが重要である。

　法的文章は、複雑で難解な言葉や専門用語が多く使われることが多いため、弁護士や法務関係者向けの文書と、一般の人向けの文書では、単語や表現を変えることが賢明である。米国やオーストラリアのロースクール（法科大学院）では、法的文章をプレインランゲージで作成する授業がカリキュラムに含まれている。これは、法律家が専門的な法律文書をわかりやすく書く技術を学ぶためである。

　このようにすることで、一般の市民や専門外の人々が法律文書や法的情報に平等にアクセスできるようになり、必要な法的手続きや行動をすることができるようになる。また、社会全体の法的な理解と遵守が促進され、法的紛争の早期解決が可能になり、裁判所や弁護士の時間とコストの削減にも寄与する。この考え方に基づいて、プレインランゲージの教育が行われている。

●専門用語をわかりやすく書き換えた例

改善前	➡	改善後　わかりやすい表現
マラソンの初心者がトレーニングを始める際には、足底筋膜炎、十字靱帯損傷、頸骨の疲労骨折などを引き起こす可能性がある。		マラソンの初心者がトレーニングを始める際には、足の裏や膝を痛めたり、頑張りすぎて脛の骨が折れたりする可能性がある。

専門用語を使ったほうが伝わりやすい場合や、どうしても使う必要がある場合は、文中や文末で用語についての補足説明を記すとよい。用語説明の数が多い場合は用語集を作成し、資料の前か後ろに配置するとより親切である。

　一方、読み手が専門家である場合は、専門用語を使用したほうが伝わりやすい。専門用語を使うほうがよい場合を次に示す。

・読み手に専門知識があり、専門用語を理解している。
・文書の内容を誤解なく伝えるために専門用語が必要である（ただし、専門用語が初出する際に、意味を脚注やカッコ書きなどを使って説明するとよい）。

カタカナ語のうち日本語に定着していないものは、日本語表現に換える

●カタカナ語をわかりやすく書き換えた例

改善前	改善後　わかりやすい表現
当社のESGポリシーは、サステナビリティとガバナンスの強化を中心に据え、エンバイロメンタルインパクトの最小化、ソーシャルリスポンシビリティの向上を目指します。	当社のESG方針は、持続可能性と企業統治の強化を中心に据え、環境への影響を最小限にし、社会的責任を向上させることを目指します。
エンバイロメンタルインパクト	環境への影響
グリーンインフラ	環境に優しい社会基盤
ステークホルダー	利害関係者
ソーシャルリスポンシビリティ	社会的責任
ダイバーシティ＆インクルージョン	多様な人材とその活用
トランスペアレンシー	情報の透明性
マテリアリティー	重要課題

カタカナ語を使うと見栄えがするが、多用すると読みやすさは半減する。また、一般に定着していないカタカナ語は読み手が曖昧に解釈することがある。さらに同じカタカナ語でも業界や企業によって異なる解釈で使われ、コミュニケーションの障害になる可能性もある。

　カタカナ語を多用すると、「難しい言葉を使って具体策のないことをごまかしているのでは？」と読み手が不審に感じることもある。日本語のほうが簡潔に表現でき、伝わりやすい場合は、定着していないカタカナ語を避け、日本語で表現することが望ましい。

アルファベットの略語には、正式な綴りと日本語での説明を添える

　一般になじみのないアルファベットの略語は、初めて出てくるときに、カッコ書きや脚注で正式な綴りと日本語訳や説明を加える。

●アルファベットの略語にカッコ書きを加えた例

アルファベットの略語	文書への記載例
ESG	ESG (Environmental / 環境、Social / 社会、Governance / ガバナンス)
SRI	SRI (Socially Responsible Investment、社会的責任投資)
COD	COD (Chemical Oxygen Demand、化学的酸素要求量)
CCS	CCS (Carbon dioxide Capture and Storage、二酸化炭素の回収・貯留)
WMO	WMO (World Meteorological Organization、世界気象機関)

10 簡潔な表現を使う

不要な言葉は削る

簡潔で明確な文を書くためには、必要な言葉だけを残し、不要な言葉や修飾文は思い切って削ることが重要である。回りくどい表現や曖昧な表現は、一見丁寧でフォーマルに見えるが、何が言いたいのかわかりにくく、読み手を混乱させる可能性がある。常に一つひとつの言葉が本当に必要であるかを吟味し、文の意味が変わらない言葉は削除するよう心掛けることが大切である。

また、動詞を名詞化して使うと文が長くなる。たとえば、「削る」、「減らす」という動詞を名詞化すると「削減に取り組む」という表現になる。簡潔に表現するためにも、動詞の名詞化は避けることが望ましい。

●回りくどい表現を簡潔に書き換えた例

改善前	改善後　簡潔な表現
〜においては	〜では、〜は、〜で
〜することができます。	〜できます。
〜することとさせていただきます。	〜いたします。
集客の支援活動を行っています。 コスト削減のための取り組みを進めています。	集客を支援しています。 コストを削減します。
品質の向上を図るために努力しています。	品質の向上に努めています。
計画的に活動を実施することが求められます。	計画的に活動することが求められます。／計画的な活動が求められます。
社員のモチベーションの向上を図ります。	社員のモチベーションを高めます。
次期の中期経営計画では、脱炭素化への取り組みを推進します。	次期の中期経営計画では、脱炭素化に取り組みます。

改善前	→ 改善後　簡潔な表現
前向きに検討したいと思います。	（※できるだけ使わない） （※具体的に表現する） ・できません。 ・〜までに回答します。

二重否定は避ける

　日本語では二重否定がよく用いられる。たとえば「○○を知らない人はいない」や「○○できないとは言わないが」といった表現がある。これらは、文中の前の否定を後の否定で打ち消すことで、その文を肯定するものである。しかし、二重否定を使用すると、否定か肯定かを瞬時に判断しづらく、混乱を招く恐れがある。また、明確な意図を避けているように見え、のらりくらりと逃げている印象を相手に与えることがある。そのため、責任感や誠意が疑われる可能性がある。さらに、翻訳の際にもスムーズに訳しづらい。よって、大切な情報を伝達する文書には、二重否定の使用を避けることが望ましい。

●二重否定を避ける理由：

①**曖昧さを生む**：二重否定は、メッセージが否定なのか肯定なのかを曖昧にし、読み手に混乱を与える可能性がある。たとえば、「彼が来ないことはない」という表現では、彼が結局来るのか来ないのかが明確でない。プロフェッショナルな印象を与えるためにも、二重否定を避け、明確な表現を選ぶことが望ましい。

②**明言を避けている印象を与える**：「できないとは言っていないが」というような二重否定は、明確な意見や立場を示していない印象になる。そのため、発言者の責任感や誠意が疑われ、優柔不断と受け取られる恐れがある。ビジネスの場では、明確で直接的なコミュニケーションが求められるため、二重否定の使用は避けるべきである。

③**理解に時間がかかる**：二重否定よりも肯定的な表現を使ったほう
が、簡単にメッセージを理解しやすい。たとえば、「出席しないこ
とはない」よりも「出席します」と言ったほうが、受け手が瞬時
に判断でき、自発的で好印象を与えることができる。

　これらの理由から、ビジネス文書や公式なコミュニケーションでは、
二重否定は避け、明確で直接的な表現を使うとよい。

例1：典型的な二重否定

改善前	➡	改善後　肯定表現
私たちのチームがプロジェクトの期限を守らないとは言っていませんが、問題が発生する可能性がまったくないとも言えません。		私たちのチームはプロジェクトを工期厳守で進めています。しかし、問題が発生した場合は工期が遅れる可能性があります。
その条件であれば受け入れられないこともありません。		その条件であれば受け入れを検討します。
請求の際には、住民票以外の提出は不要です。		請求の際には、住民票の提出が必要です。

例2：隠れた二重否定

改善前	➡	改善後　肯定表現
この戦略がまったく無効とは断言できない。		この戦略には効果がある部分もある。
君の説明がまったく不十分というわけではありません。		君の説明には不十分な部分があります。
このアトリエにある作品はすべて非売品というわけではない。		このアトリエにある作品の中には、販売されているものもある。

重ね言葉は使わない

　重ね言葉とは、同じ意味の言葉を無駄に繰り返すことを指す。たとえば、「前もって準備する」や「後で後悔する」といった表現がそれに当たる。「準備する」の中には「前もって」という意味が含まれており、「後悔する」も文字通り、起こった事象の「後で」悔やむものである。したがって、「前もって」も「後で」も不要な重ね言葉である。

　重ね言葉は無意識に使ってしまうことが多いため、注意が必要だ。重ね言葉を避けるためには、『簡潔で短い文を書く』ことを念頭に置き、『重ね言葉』がないかを意識して文章を読み返すことが重要である。

改善前	→	改善後　正しい表現
まず初めに		まず / 初めに
今の現状		今の状態 / 現状
尽力を尽くす		尽力する / 力を尽くす
違和感を感じる		違和感がある
返事を返す		返事をする
そもそもの発端は		そもそも / 発端は
質問を問いかける		質問する / 問いかける

ポイント 11 能動態を使う

能動態と受動態を使い分ける

　「能動態」とは、主語が動作を行う文法形式を指し、「受動態」とは、動作を受ける対象が主語になる文法形式である。動作が受け身になっ

ているかどうかで、基本的な意味が異なるわけではないが、読み手に
与える印象は大きく異なる。

> **「能動態」の例：**
> 社長は、経営会議でデジタルマーケティング戦略の強化策と施策計画の最
> 終案を発表した。

> **「受動態」の例：**
> デジタルマーケティング戦略の強化策と施策計画の最終案は、経営会議で
> 社長によって発表された。

「能動態」の例では、事の成り行きを明確に把握でき、情景がイメー
ジしやすく、スムーズに理解できる。また、能動態の文は主語が誰で
あるかを明確にし、主体性が強調され、説得力が増す。

一方、「受動態」の例では、「デジタルマーケティング戦略強化のた
めの提案事項」が強調される一方で、誰が行ったかの印象が弱くなる。
そのため、受動態の文は内容がぼやけやすくなる。

日本語では主語を省略した「受動態」の表現が多い。このような主
語のない受動態の文は、事実だけが淡々と述べられるため、無機質な
印象を与え、文章の活気が損なわれる。相手に内容を効果的に伝える
ためには、「能動態」で書かれた文を用いるほうが効果的である。

例 1 ：能動態により責任の所在をより明確に述べた例

改善前	改善後　能動態の表現
新しい人事評価プロセスの導入が決定され、全従業員に対して公平な評価基準が実施される。	当社は新しい人事評価プロセスの導入を決定し、全従業員に対して公平な評価基準を実施する。
工業廃水がたれ流されていることにより、河川の汚染が広範囲にわたって進行している。	〇〇工業が工業廃水をたれ流しているため、河川の汚染が広範囲にわたって進行している。

例２：能動態を使って主語の特長や主張を力強く述べた例

改善前 ➡ **改善後** 能動態の表現

改善前	改善後
地元の新鮮な食材を使用した新製品が発売され、消費者から高い評価を受けました。	当社は、地元の新鮮な食材を使用した新製品を発売し、消費者から高い評価を受けました。
最新の建築技術が駆使され、地域最速で高層ビルが完成されました。	当社は、最新の建築技術を駆使し、地域最速で高層ビルを完成させました。

例３：能動態を使って読みやすく、明確にした例

改善前 ➡ **改善後** 能動態の表現

改善前	改善後
リスク管理計画が更新されたが、新しいリスク評価基準についての説明は行われなかった。	管理部門はリスク管理計画を更新したが、新しいリスク評価基準については説明しなかった。

なお、次のような場合は、必要に応じて受動態を使う。受動態で書く必要があるのは、主に下記の３つのケースである。

①主語が法律やルールの場合

例：特定外来生物を野外において捕まえ、持って帰ることは禁止されています。

②行動の主体が不明であったり、自然現象や一般的な事柄の場合

例：この寺院の金堂は世界最古の木造建築として知られています。1300年以上にわたって保存されており、その歴史的価値からユネスコの世界遺産にも登録されています。

例：梅雨があけ、夏本番が始まりました。各地では晴天が続き、気温の上昇が予想されます。

例：駅のトイレはいつもきれいに清掃されています。

③実験結果や結果報告で、客観性を強調したい場合

実験結果の例：
重曹と酢が混ぜられると、泡が発生した。この反応によって、二酸化炭素が生成されたことが観察された。

客観性を強調する例：
品質管理のプロセスは、国際標準規格に基づいて定期的に監査がされています。

受動態を使うことで実験結果や観察内容は個人的な見解ではなく、客観的な事実として提示される。また行動や結果が客観的であり、公正に評価されていることを示したい場合にも使用される。

ポイント 12 肯定文を使う

▌肯定表現を使う

読み手が否定文を読むと、脳はまずその内容を肯定文として理解し、その後にその内容を否定するという過程が入る。また、その後に取るべき行動を考える必要があるため、理解に時間がかかる。一方で、肯定的な表現を使用すると、メッセージが速く伝わりやすい。たとえば、「避難時は荷物を持たないで避難してください。」という代わりに、「避難時は身の安全を優先し、荷物は置いて速やかに避難してください。」と肯定形で理由を添えると、行動すべきことが明確である。また、否定形の表現では「どうして荷物を持って逃げてはいけないのだ？」と疑問がわき、行動に移すまでにネガティブで反発的な感情が生まれることがある。一般的に肯定文のほうが文も短くなり、読み手にとって理解しやすく、素直に受け入れやすい。

もう一つの理由として、否定文は曖昧さを生むことがある。たとえば、否定形で「重要書類のファイルは自分のPCに保存しないでください。」より、肯定形で「重要書類のファイルは暗号化して、クラウドの『指定されている該当するフォルダー』にのみ、保存してください。」のほうが、読み手が何をすべきかが明示してあり、速やかに行動に移せる。

メッセージを明確に伝えるためには、可能な限り否定表現を避け、肯定表現を用いることが重要である。そうすることで、読み手は素早く正確に意図を理解し、誤解を避けることができる。

例1：肯定表現を使って、メッセージをわかりやすく率直に伝える

改善前	改善後　肯定表現
英語の成績が悪いので、このままだと進級試験に合格できないだろう。	英語を集中して勉強すれば、進級試験に合格できるだろう。
顧客の要望に柔軟に対応できず、苦情が出るかもしれない。	顧客の要望に柔軟に対応すれば、満足度が高まるだろう。

例2：肯定表現を使って、曖昧さや誤解が生まれるのを避ける

改善前	改善後　肯定表現
プロジェクトの進捗報告を怠らないでください。	プロジェクトの進捗は毎週金曜日に上長に報告してください。
大学構内で自転車を放置しないでください。	自転車は指定の駐輪場に停めてください。
2024年4月以降、建設業と運送業の時間外労働の上限規制の猶予期間が終了します。	2024年4月以降、建設業と運送業も、時間外労働の上限規制を守ってください。

ただし、注意点や禁止事項など、「してはいけないこと」を明確に表現する場合には否定表現を使う。

例：オフィスにペットは連れてこないでください。

例：重要な情報をメール添付で送らないでください。

主語、述語を近づける

▍主語と述語はできるだけ近づける

　主語と述語が近いほど、内容を理解しやすい文になる。主語と述語の間に長い修飾語のフレーズが入ると、読み手が覚えておかなければならない情報が増え、ストレスを感じる可能性が高まる。このため、主語と述語を近づけて書くことで、文が読みやすく、理解しやすくなる。

　主語と述語が離れる場合は、修飾部分を別の文にして主文の後に置いたり、表や箇条書きを使ってわかりやすくする工夫が必要である。さらに、修飾語の係り受けが誤解を生じる可能性があるときは、誤解を避けるために語順を変更するか、（　　）を使うなどの工夫をすることが望ましい。

例：主語と述語を近づけ、わかりやすく伝える

改善前	改善後
当社はアメリカのD社と、2010年にアメリカでの生産や基礎研究に関する業務提携契約を締結した。	当社は2010年にアメリカのD社と業務提携契約を締結した。この業務提携は、アメリカでの生産と基礎研究に関するものである。

この契約の有効期間は、失効前に一方の当事者から解約の申し出があり、かつ両当事者が事前の解約に合意した場合を除き、3年間である。	この契約の有効期間は3年間とする。ただし、失効前に一方の当事者から解約の申し出があり、かつ両当事者が当該解約に合意した場合を除く。
彼は大学病院で外科学講座の統括責任者として医局員約200名を統率し、年間300件の困難な血管外科手術を執刀する一方で、大学教授として週に6時間の外科学医療の講義を行い、血管医療の研究活動を続けながら、著名な学術雑誌に論文を発表し、多くの国際学会で講演を行っており、医療の発展に計り知れない貢献をしている。	彼は医療の発展に計り知れない貢献をしている。医科大学で外科学講座の統括責任者として、約200名の医局員を統率しており、年間300件の困難な血管外科手術を執刀している。また外科学医療の講義を週に6時間受け持ち、後継者の育成に携わっている。さらに血管医療の研究活動にも従事し、あらたな医療技術の探求にも余念がない。それらの成果を学術雑誌に論文投稿したり、多くの国際学会で講演を行い、他国の医療従事者にも伝授している。

ポイント 14 日本特有の概念や表現に注意する

日本特有の概念に注意する

　多様な読み手を想定する場合、日本特有の概念を使った表現に注意が必要である。たとえば、「500円玉のサイズ」という表現は「直径○○ミリメートルの円」と言い換えるのがよい。

擬音語・擬態語は使わない

　日本語には、音や様子を模倣する言葉として擬音語と擬態語がある。日本語は欧米の言語に比べてこれらの語が多く、日常生活で頻繁に使われているが、感覚的な表現であるため、ビジネスや公式な文書では使用しない。重要度に応じて削除するか、別の言葉で説明することが望ましい。

・擬音語：自然界の音や物音、人間や動物の声など、実際に聞こえる音を表現する言葉で、音そのものを模倣している。

例：犬の鳴き声：「ワンワン」
　　雨の音：「ザーザー」
　　鳥の鳴き声：「チュンチュン」

・擬態語：音のない現象や物の状態、動作や感情の様子を表現する言葉で、視覚的・触覚的な印象や感覚を言葉に置き換えている。

例：物が滑る様子：「ツルツル」
　　怖がる様子：「ビクビク」
　　落ち着かない様子：「ソワソワ」

改善前	改善後　言い換えた例
彼の発言に対して、会議室はシーンとなった。	彼の発言に対して、会議室は一瞬静まり返った。
部長のプレゼンテーションは、参加者をハッとさせる内容だった。	部長のプレゼンテーションは、参加者に驚きを与える内容だった。
新社長が登壇し、会場がざわざわする中で、プレゼンが始められた。	新社長が登壇し、会場がざわめく中で、プレゼンが始められた。

⑮ 「等」の使い方に注意する

「等」の使い方についての注意点

　日本のビジネス文書では「等」という言葉が頻繁に使われる。「等」は、前に述べたものが代表的なものであり、「他にもある」ということを示すために用いられる。しかし、「等」に含まれる内容が曖昧なまま使われることが多い。「等」を使用することで、想定外の内容にも対応できるという利点があるが、その内容を具体的に列挙しないと、読み手に拡大解釈される恐れがある。逆に列挙がされていないことにより、具体的内容が隠されている印象を抱かれる可能性があるので、「等」は必要な場合のみ使用し、そうでない場合は入れない。

　特に法律関係の文書では、「等」の使用には注意が必要である。

　「等」を使用する際には、その内容を具体的に列挙することで文が明確になり、わかりやすくなる。また、読み手に対して正確な情報を伝えることができ、誤解を防ぐことができる。このように、「等」を使う場合には、具体的な内容を補足して文書を作成することが重要である。

● 「等」を使った例

①お問い合わせに関しては、メール等でご連絡ください。
↓
お問い合わせに関しては、メールか電話でご連絡ください。

②次回の会議では、次年度の採用計画について意見を募ります。各部の要望案等を発表してください。
↓
次回の会議では、次年度の採用計画について意見を募ります。各部の要望、予算案、スケジュール案、候補者の評価基準、および必要なスキルと資質を発表してください。

16 配慮のある表現をする

読み手の心情に配慮する

文書を書く際には、読み手がどのような状況や心もちでその文書を読むのか、想像力を働かせる必要がある。読み手への配慮が感じられる文書では、文書作成者の意図どおりに読み手が行動してくれる可能性が高まる。一方、そのような配慮がない文書では、読んでもらえなかったり、反感を買うなど意図しない結果を招く可能性がある。

また、包括的で非差別的な言葉を使用することも重要だ。たとえば、性別による固定観念に縛られた言葉遣いは避けるべきである。そのうえ、多数派の視点からだけでなく、少数者も含め、多様な環境に置かれた人々への配慮も必要だ。

読み手に違和感や不快感を与えない文書を作成するためには、特定の表現をリストアップし、それらを避けるだけでは不十分である。言葉や表現自体に問題がなくても、使用する場面や状況、言葉の組み合わせによって、読み手や当事者に不快な思いをさせることもある。

人を傷つける恐れのある表現がないかを、常に読み手の立場になって考えることが重要だ。特に不特定多数に向けた文章を書く場合には、読み手を傷つけたり、不快にさせる表現が含まれていないかを常に意識しなければならない。

改善前	➡ 改善後　好ましい表現
ビジネスマン	ビジネスパーソン
セールスマン	営業（職）
看護婦	看護師
保母さん	保育士
スチュワーデス	客室乗務員、CA
田舎	地方

文書の一貫性を確認し、見直す

作成した文書に一貫性はあるか

文書を書き上げたら、全体を見渡した視点から必ず見直す必要がある。作成した文書が、これまでに挙げたポイントが効果的に連携されており、一貫性を保っているか確認する。たとえば、同じ意味には同じ単語を使用し、異なる意味には異なる単語を使うべきである。また、「だ・である調」と「です・ます調」が混在していないか、漢字とひらがなの使い方が統一されているか、スタイルガイドがある場合はその基準に沿っているかも確認し、必要に応じて修正する。

文書を見直す

一貫性を確認すると同時に、次の点に気を付けて文書を見直す。

・文法的に正しいか。
・単語の使い方は正しいか。
・一文は長すぎないか。
・内容に矛盾はないか。
・誤字や脱字はないか。
・半角、全角は統一されているか。
・句読点の位置や、改行は適切か。
・差別的な表現は含まれていないか。
・書き残しや書き忘れはないか。
・全体を通して読みやすいか。

Microsoft Wordなどの文章校正機能を使うのもよい。誤字や二重表現を指摘してもらえるので便利である。使い方については本書の資料編を参照のこと。

さらに、自身での見直しに加えて、他の人に読んでもらうことは、内容のわかりやすさや適切さを確認する上で有効である。たとえば、次のような人に読んでもらいフィードバックをもらうことにより、文書をよりよいものにすることができる。

・文書の内容をよく知っている同じ職場の人
・想定する読み手の特性に近い第三者（部外者）

 文書を継続的に評価する

継続的に評価、管理する

文書作成では、作成の初期段階から文書の役割が終了するまで、継続的に評価し、管理する必要がある。これまで述べてきた17のポイントに沿って、適切に文書が作成されているか確認しよう。内容に問題はないか、古い情報や無関係な情報が含まれていないか、といった観点から評価し、必要に応じて変更や加筆を行い、常に最新の状態を保つことが重要だ。また、可能であれば、読み手の意見を取り入れて評価を行うことも有効である。

プレインジャパニーズのまとめ

これまで見てきたプレインジャパニーズについて、まとめを次に示す。

プレインジャパニーズを使う際の３つの指針

1．読み手に「届く」文書を作成する

　プレインジャパニーズは、読み手に正確に情報を伝えることで、情報の受け手の目的を達成するための伝達術である。そのため、まず読み手に読んでみようと感じさせ、読み手が読むことを途中でやめてしまうことがないように工夫することを心がける。必要な情報を漏らさず書いてさえいれば、書き手の責任が果たされるわけではない。読み手が理解し、判断し、行動し、その目的を達成して初めてその責任を果たしたことになる。

2．読み手に「伝わる」文書を作成する

　プレインジャパニーズを使うことで、文書全体、もしくは一つの文を行ったり来たりせず一方向に読め、かつ速く読めるようにする。また、文書の要点を容易に見つけることができるようにする。多忙な現代のビジネスパーソンは、スムーズに読める文書を求めている。

3．読み手に「響く」文書を作成する

　プレインジャパニーズを使うことで、率直な表現で情報を誤解なく伝えること、また、文法的な工夫をほどこし、その情報の大切さを読み手に感じてもらうようにする。ビジネス文書に求められる機能は、情報の伝達だけではなく、読み手の心を動かし行動を促すことである。

プレインジャパニーズの18のポイント

ポイント 1	読み手を明確にする
ポイント 2	情報を整理する
ポイント 3	結論を文頭に置く
ポイント 4	接続詞を活用する
ポイント 5	読みやすいデザインにする
ポイント 6	漢字とひらがなの割合に気を付ける
ポイント 7	句読点の使い方を工夫する
ポイント 8	文を短くする
ポイント 9	日常的な単語や表現を使う
ポイント 10	簡潔な表現を使う
ポイント 11	能動態を使う
ポイント 12	肯定文を使う
ポイント 13	主語、述語を近づける
ポイント 14	日本特有の概念や表現に注意する
ポイント 15	「等」の使い方に注意する
ポイント 16	配慮のある表現をする
ポイント 17	文書の一貫性を確認し、見直す
ポイント 18	文書を継続的に評価する

資格試験の問題例

　ここからは以下に、プレインジャパニーズ資格試験の問題例を紹介する。

●ポイント1：読み手を明確にする

1）読み手の立場で文章作成するのはなぜですか？

　　A. 書き手の立場を主張するため。

　　B. 伝えたいことを、読み手が理解できる文章で明確に伝えるため。

　　C. 読み手から反論が出ないようにするため。

2）読み手の立場で文章を作成する方法として適切なものを選びなさい。

　　A. 文章を作成した後に時間をおいて、読者を想定して読み直してみる。

　　B. 丁寧語を使う。

　　C. 尊敬語/謙譲語を使う。

3）読み手が異なれば、文書の書き方も変えるべきですか？

　　A. はい。読み手に合わせて内容を調整すべきである。

　　B. いいえ。一貫性を保つために同じスタイルを維持すべきである。

　　C. いいえ。文書の長さだけを調整すれば十分である。

●ポイント3：結論を文頭に置く

4）PREP法を使う際の最後のステップは何ですか？

　　A. もう一度要点を繰り返す。

　　B. 新しいトピックを紹介する。

　　C. 結論を省略する。

5) プレインジャパニーズの文章構成で心がけるべき点はどれですか？

    A. 最初に結論を述べる構成にする。

    B. 全部の情報を最初に詰め込む。

    C. 背景情報から説明を始める。

●ポイント5：読みやすいデザインにする

6) 文書の見出しの役割は何ですか？

    A. 文書の外観を整える。

    B. 各セクションの主要な内容を示し、読み手が情報を迅速に理解しやすくする。

    C. ページの内容量を増加させる。

7) 番号リストを使う利点は何ですか？

    A. 情報を重要な順に示すことができる。

    B. 文書の重要性を高める。

    C. 書き手にとって書きやすい。

●ポイント8：文を短くする

8) プレインジャパニーズのガイドラインでは、読みやすい日本語の文の長さは、平均値で何文字ですか。最も適するものを選びなさい。

    A. 15〜20文字

    B. 40〜50文字

    C. 80〜100文字

9) 適切な表現を選びなさい。

    A. 文は長ければ長いほどよい。

    B. 文は短ければ短いほどよい。

    C. 文章の平均文長は40〜50文字が望ましい。

●ポイント9：日常的な単語や表現を使う

10) 日常的な単語や表現を使うことの利点は何ですか？

    A. 文書の専門性が高まる。

    B. 読み手が重要な情報を迅速に見つけ、容易に理解できる。

    C. 書き手にとって書きやすい。

11) 文書を作成する際に、専門用語の使用が避けられない場合、どのように対処すればよいですか？

    A. 専門用語の使用について読者に謝罪する。

    B. 専門用語の意味を説明する。

    C. 専門用語について学ぶよう読者に促す。

●ポイント10：簡潔な表現を使う

12) プレインランゲージにおいて、文章を簡潔に保つ理由は何ですか？

    A. 読み手にさまざまな文体を楽しんでもらうため。

    B. 紙やインクを節約するため。

    C. 読み手が重要な情報を迅速に見つけ、理解することを容易にするため。

13) 簡潔な文書作成のためには何を心がけるべきですか？

    A. できるだけ多くの情報を文書に含める。

    B. 不要な単語や情報を省略し、ポイントを明確にする。

    C. できるだけ丁寧な表現を心がける。

14) 適切な受動態の使用状況はどれですか？

    A. 読み手に具体的な行動を指示したい場合。

    B. 動作主/行為者が不明な場合。

    C. 文書の主観性を強調したい場合。

15) 能動態を使用することの効果は何ですか？

    A. 文書の正式度が高まる。

    B. 責任が明確になり説得力が出る。

    C. 文書の客観性が高まる。

16) 肯定文を推奨する主な理由は何ですか？

    A.否定文より肯定文のほうが文の重要度を伝えられるから。

    B.否定文は肯定文経由の否定となり、理解に時間を要するから。

    C.否定文より肯定文のほうが文の格調を高めるから。

17) なぜ否定文を推奨しないのですか？

    A.否定文は肯定文よりその意味する範囲が広がってしまうから。

    B.否定文は肯定文より文の格調が低くなるから。

    C.否定文は肯定文より書き手にとって書きにくいから。

●ポイント13：主語、述語を近づける

18) 主語と述語を近づけることの効果は何ですか？

    A. 余分な修飾語/句を別文にすることで文の長さが短くなり、文の構造がより明確になる。

    B. 文のリズムがよくなり、より詳細な説明が可能になる。

    C. 文の格式が高まる。

19) 修飾語が多い文を避けるべき理由は何ですか？

    A. 修飾語が多いと、文の専門性が高まるから。

    B. 過剰な修飾語は、文が長くなり、読み手の理解を妨げるから。

    C. 修飾語が多いと、文の作成に時間がかかるから。

●その他

20) プレインランゲージの実践において、当てはまらないものは何ですか？

    A. 読み手が知っている言葉を使って、読み手に向けて書くこと。

    B. 対象読者層によっては専門用語を使って、文章の正確性を高めること。

    C. 内容のレベルを下げて、誰もが理解できるようにすること。

●解答

1. B	2. A	3. A	4. A	5. A	6. B	7. A	8. B	9. C	10. B
11. B	12. C	13. B	14. B	15. B	16. B	17. A	18. A	19. B	20. C

日本語の読みやすさを測る

　情報化時代の現在では、ビジネスにおいて多くの情報に囲まれ、それらを処理することが求められることから、一度読んですぐに理解できる文章での情報発信が求められている。それは、誰でもが必要な情報に早くたどり着け、早く理解し、早く判断し、早く行動もしくは処理をして、生産性を上げることが期待されているからである。そのため、文章に冗長な言葉や複雑な言葉が使われていると、読む速度や理解が遅くなるため、読み手のニーズと合致しない。場合によっては、読み手を混乱させたり、読まれないまま放置されてしまったりすることもある。このように目的が果たされない可能性もあり、発信者にとっても、読み手にとってもマイナスである。

　ここでは自分で書いた文章が読みやすいかを、定量的に診断を行うツールを紹介する。読み手にとって、その文章が「簡潔・明瞭・的確」に伝わるかを知る一つの目安である。

プレインジャパニーズ診断システム

　（株）エイアンドピープル（および日本プレインランゲージ協会）は東京大学と共同で日本語の読みやすさを測定するシステムを2023年から開発している。

　自身で書いた文章を診断ツールにかけると、プレインジャパニーズのガイドに則った、読みやすさのレベルが学年レベルで示される。プレインジャパニーズでは一般文章は中学2年生から高校2年生レベルを推奨レベルとしている。このツールでも推奨レベルを基準に読みやすさを測定する。ツールの診断後、学年レベルに応じた文の長さや、

漢字比率が表示され、改善するべき点が明示される。診断結果に沿って、漢字の率を減らしたり、文の長さを短くしたりして調整し、読みやすさのレベルを向上させることができる。再度、書き直した文章の診断を行い、前の文章からどれくらい改善されているかの確認もできる。もしくは、AIによる書き換え案も提示される。それを使用し、確認しながら書き換えを行うことも可能である。

　なお、本システムは開発継続中であり、随時、仕様更新が入る（システムの利用を希望される場合は下記までメールにて連絡のこと。アクセス方法をJAPL事務局より追って連絡する）。JAPL事務局メール：japl_gl@japl9.org

　診断方法は次のとおりである。

1. 指定された「プレインジャパニーズ診断システム」サイトにアクセスする。

2. 指定されたID、PWを入力する。

3. テキストを入力する画面が表示される。

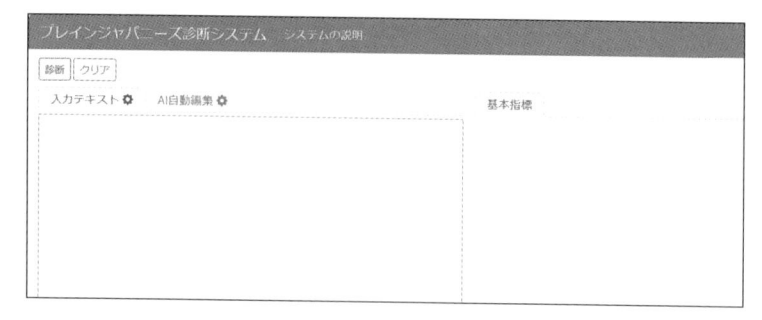

　ここでは、第2章「伝わらないビジネス文書」で使用した「社長から株主へのメッセージ」の「株主の皆様へ」のテキストを入力し、使用方法を解説する。

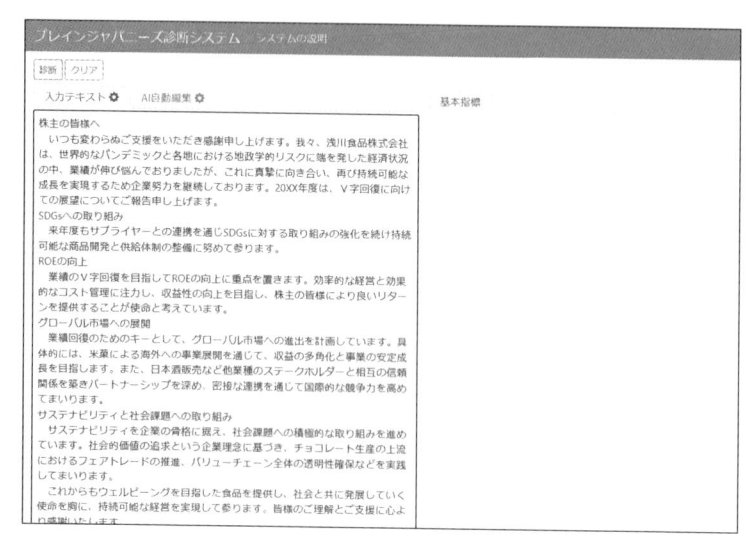

　テキストボックスに作成した文章をペーストする。もしくは、テキストボックス内で文章を作成する。

4. ［診断］ボタンをクリックする。

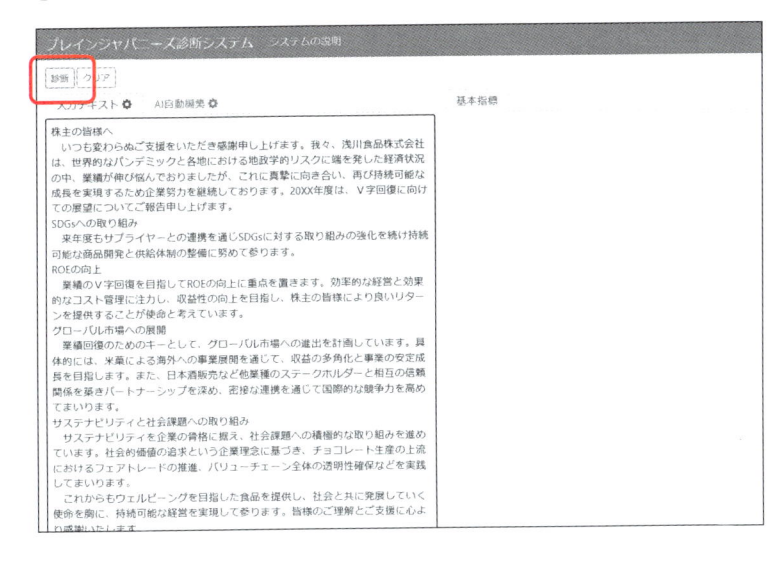

5. 診断結果が右側の「基本指標」に表示される。

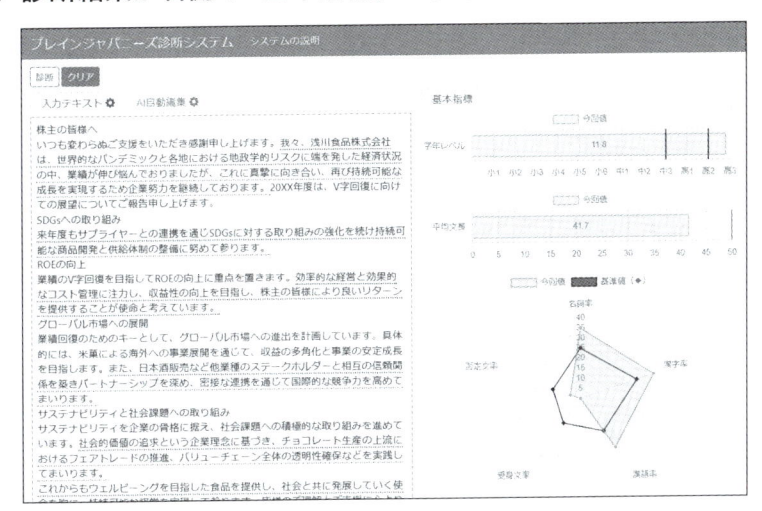

　今回の結果は［学年レベル］は［高3］で、［平均文長］は［41.7］だった。
さらに、以下のような解説が表示される。

解説：
プレインジャパニーズは文章の表現上の難易度を学年レベルで示す。
学年レベル：文章学年レベル［高3］とは、日本の高校3年生の教科書に書かれている文章の読みやすさと同等のレベルである。

　基本指標にある横棒グラフ内の縦線は、プレインジャパニーズの読みやすさの推奨範囲である。その枠内に収まればプレインジャパニーズの推奨する難易度の文章であると言える。

※本システムの現段階の開発バージョンでは、プレインジャパニーズの推奨する難易度を一般文章を対象として測定し、中学2年生から高校2年生レベルを推奨レベルとしている。今後の開発段階では、文章の用途に応じてレベルを選択できるようになる予定。

平均文長：一文あたりの平均文字数を示す。読みやすい日本語はおおよそ一文あたり40文字から50文字である。

　グラフ内の縦線は、プレインジャパニーズの平均文長の推奨値である50文字を示している。おおよそ50文字以内に収まれば読みやすい文章であると言える。

　なお、[入力テキスト]欄において、一文が50文字以上の文は赤点線の下線で表示される。

　[詳細を表示] ボタンを押すと、より詳細な情報がわかる。

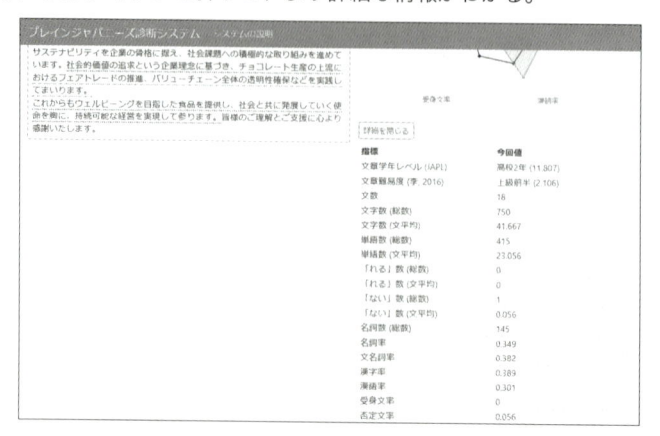

●各指標の説明

文章学年レベル (JAPL)
示された学年の教科書/使用文書に書かれているレベルの難易度

文章難易度 (李, 2016)
早稲田大学の李在鎬先生が開発された、日本語文章の難易度を判定する式
（※ *p*.115）に基づく評価結果

文数	総文数
文字数（総数）	総文字数
文字数（文平均）	総文字数/総文数（＝総文字数÷総文数）
単語数（総数）	総単語数
単語数（文平均）	総単語数/総文数
「れる」数（総数）	助動詞「れる」または「られる」の総数
「れる」数（文平均）	助動詞「れる」または「られる」の総数/総文数
「ない」数（総数）	助動詞「ない」、「ぬ」または形容詞「ない」の総数
「ない」数（文平均）	助動詞「ない」、「ぬ」または形容詞「ない」の総数/総文数
名詞数（総数）	総名詞数
名詞率	総名詞数/総単語数
文名詞率	文内名詞率（＝文内名詞数/文内単語数）の文章全体における平均（ただし名詞を含む文のみが対象）
漢字率	総漢字数/総文字数
漢語率	総漢語数/総単語数
受け身文率	助動詞「れる」または「られる」を含む文の数/総文数
否定文率	助動詞「ない」、「ぬ」または形容詞「ない」を含む文の数/総文数
文頭接続表現数	文頭に接続表現が使われている文の数
文頭接続表現率	文頭に接続表現が使われている文の数/総文数

6. 続けて診断したい場合には、[クリア] ボタンを押す。

[現在、表示中の入力テキストを削除しますが、よろしいでしょうか。] というメッセージが表示される。

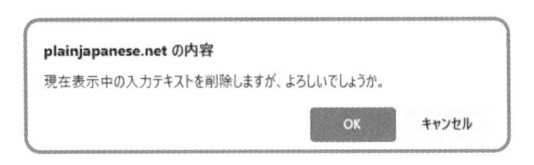

[OK] をクリックする。

7. 診断したいテキストを入力し、[診断] をクリックする。

ここでは、上記で使用した「株主の皆様へ」を改善した「日本文化の発信とフェアトレードへの取り組み」のテキストを入力した。

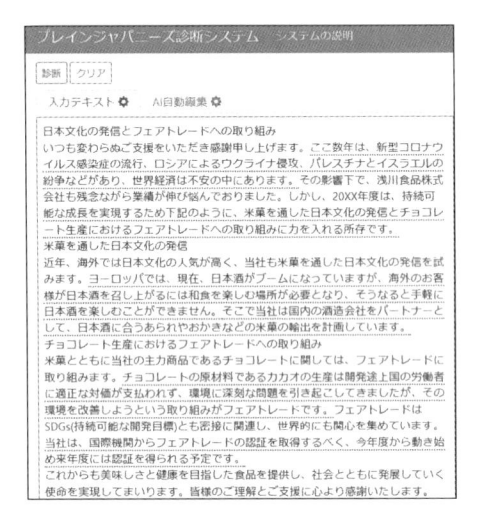

8. 今回の診断結果が表示され、前回との比較も確認できる。

今回のテキストでは、[学年レベル] は [高3] から [高2] に改善され、読みやすさが高まっていることがわかる。

平均文長は45.4だが、基準内に収まっている。

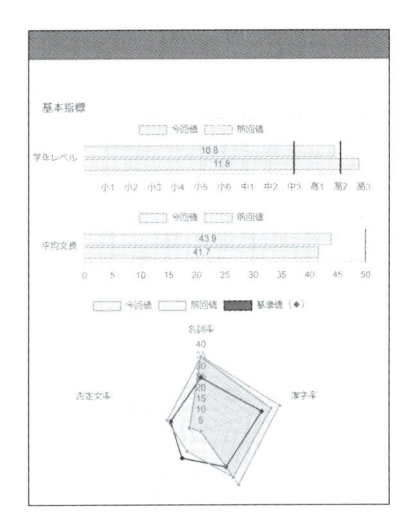

参考：テキストをAIで書き換えることもできる。［AI自動編集］をクリックすると［自動書き換え］ボタンが表示される。AIで書き換える場合、AIへの入力文章は接続している汎用生成AIに自動的に飛ばされるので注意されたい。

［自動書き換え］ボタンをクリックすると、書き換え前のテキストと、AIが書き換えたテキストが表示される。また書き換えの理由も表示される。

［書き換え後］の文章を採用して再度診断したい場合は、［採用］をクリックした後、［診断］をクリックする。採用したテキストの診断結果が表示される。

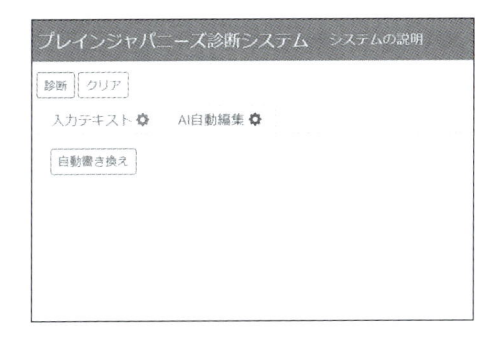

※出典：李在鎬（2016）「日本語教育のための文章難易度に関する研究」『早稲田日本語教育学』Vol. 21, pp.1-16.（早稲田大学リポジトリ）

実際の文章を入れて読みやすさを診断してみよう

　では実際に使われている日本語の文章の実例を評価してみよう。次は、トヨタの2023年の統合報告書に記載されている会長メッセージである。

●TOYOTA統合報告書2023　会長メッセージ

トヨタのクルマをご愛顧いただいている世界中のお客様、私たちの取り組みを支えてくださる株主の皆様、すべてのステークホルダーの皆様に深く感謝申し上げます。皆様のおかげで、日々、さまざまな課題に直面しても、私たちは前を向いて進むことができます。

自動車産業が「100年に一度」と言われる大変革期に突入するなか、私たちトヨタはモビリティカンパニーへのフルモデルチェンジに挑戦しております。

「ただ自動車をつくるのではない。日本人の頭と腕で日本に自動車工業をつくらねばならない」。これは創業者・豊田喜一郎の言葉です。

トヨタは自動車をつくるためだけに生まれた会社ではありません。「幸せを量産する」ために、そして「未来をもっと良くする」ために生まれた会社だと思っております。

自動車はお客様の暮らしに密着したB to Cの産業ですので、私たちが考える未来の真ん中には、お客様の笑顔があります。また、日本の自動車は550万人の仲間に支えられている総合産業でもあります。これがモビリティ産業に成長することによって、その仲間の数は850万人、将来的には1,000万人にまで増えてまいります。世界ではさらに多くの仲間に支えられています。

私は「未来はみんなでつくるもの」だと思っております。そして「お客様の笑顔のために、未来をもっと良くしたい」という意志を持った仲間が、お互いを「信頼」し、「共感」してつくる未来と、規制や外圧によってつくられた未来では、全く違う景色になると信じております。

今、世界は対立と分断を強めております。こんな時代だからこそ、今を生きる大人たちが未来を生きる子どもたちにどんな姿を見せるのか、何を伝えるのか、それが大切だと思っております。日本には「ありがとう」という美しい言葉があります。「ありがとう」は周りにいる人たちを幸せにする魔法の言葉です。私たちトヨタは、これから生まれてくる子どもたちのために「ありがとう」と言い合える日本、「信頼」と「共感」に支えられた社会を、多くの仲間と一緒に創っていきたいと思っております。

ステークホルダーの皆様が、その想いに共感いただけるのであれば、こんなにうれしいことはありません。今後とも長期的な視点にたち、私たちトヨタの活動をお支えいただきますようお願い申し上げます。

　一読して内容がわかる、読みやすい文ではないだろうか。プレインジャパニーズ診断システムで計測した結果を下記に示す。学年レベルは中学2年生〜中学3年生とまさにプレインジャパニーズを使った文章となっている。

●診断結果

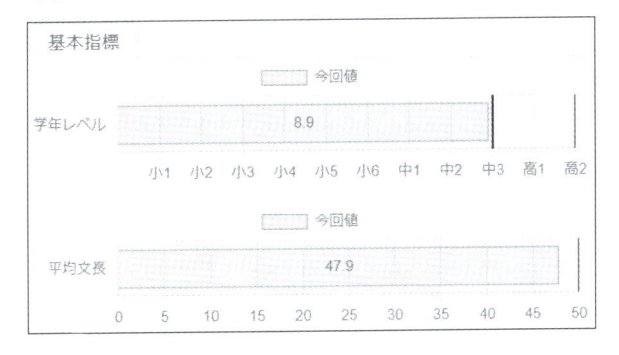

ビジネス英語における
プレインランゲージ

✎ Don Nishio（元会計士）

　私は英語を母国語とし、40年間ビジネス英語を書いてきました。そのなかで、自分のメッセージをできるだけ効率的に伝えるためには、明確かつ簡潔に書くことが重要だと学びました。

　私は会計士で、さまざまな会計・税務上の問題について、クライアントやカナダ税務当局（CRA）に書面で連絡することが多々あります。クライアントが私の言っていることを理解してくれることは重要ですし、クライアントの代理人として私が伝えたいメッセージをCRAに素早く理解してもらうことはさらに重要です。私の文章は非常にわかりやすいと言われており、私自身も自分の考えや懸念やコメントをクライアントやCRAにうまく伝えることができていると感じています。

　私は作家ではありませんし、趣味や個人的な楽しみのために書いているわけではありません。私が書くのは特定の任務を達成するためです。ビジネス英語は、英文学や散文とは大きく異なります。ビジネス英語は、人を楽しませたり、雄弁であったりする必要はなく、美辞麗句を並べる必要もありません。

　経験の浅いライターや自信のないライターは、読者に感銘を与えようと、長く複雑な文章を書くことがあります。そういう人たちは、自分が英文学を学び、優秀なライターであることをアピールしたいのです。しかし、こういった複雑な文章を書くこと自体が、そのライターがビジネス英語を理解していないことの表れです。誤解や混乱を最小限に抑え、時間を無駄にしないために、私が守っているポリシーを紹介します。

● ▲ ■

1. 文は短く、明確であること。

2. 重要なアイデアを伝えるには、できるだけ少ない言葉を使うこと（記事でもメモでも手紙でも、長すぎると読者は興味をなくし、集中できなくなってしまいます）。

3. 「主語・動詞・目的語」というシンプルな構造にすること。

4. ダラダラとした文は避けること（文は考えやアイデアごとに区切ってあるほうが簡単に理解できます）。

5. 可能ならば箇条書きを使うこと（箇条書きのほうが、重要な事項に

目が留まりやすくなります）。

6. アイデアを述べるのは一度だけにとどめ、繰り返さないこと（すべての文が同様に重要なため、特定の文を繰り返してしまうと、それ以外のすべての文の重要性が失われてしまうことになります）。

7. 重要ではない文は、むしろ入れないこと。

8. he、she、they ではなく、具体的な人名や会社名を使い、誰のものなのかを明らかにすること。

【悪い例】彼はヒロに、彼が彼の本を読み終わったらすぐにその本をタロウに渡すように頼んだ。

【良い例】ジョンはヒロに、ヒロがジョンの本を読み終わったらすぐにその本をタロウに渡すように頼んだ。

9. 原稿を2〜3回読み直し、その都度、もっとよい表現ができないかどうかを考えること。

10. センシティブな話題や論争が起きそうな話題の場合は、1日待ってもう一度読み直してから送ること。

11. ワープロソフトの「スペルチェック」や「グラマーチェック」の機能を必ず使用すること。

12. 可能な限り、原稿を送る前に他の人に読んでもらうこと。

● ▲ ■

　悪い文章と良い文章の2つの例を以下に紹介します。

Bad

It could be argued that this dining expense is not for business purposes, but the client is of the opinion that, while CRA may have an argument that the dinner was mainly for pleasure as it was at a golf club, he feels that important business matters were also discussed during the dinner, during which they discussed planning for a future business venture for wharf construction which may lead to work for the Company if they are successful in the future in obtaining contracts from the dinner guest and also the company has a lot of experience in this area. Since there is future potential business, the owner of the company feels that he should be able to get a tax deduction for the expense under investigation by CRA, and CRA should be more understanding of the work that owners of small companies have to do to get new business. It is not the Company's fault that, unfortunately, the wharf project did not proceed because it was felt that it was economically unviable, and therefore, in the end, there was no opportunity for the Company to bid on the construction contract, even though they wanted to.

※悪い文章＝一文が長く、冗長。文語的表現や接続詞が多様され、趣旨が伝わりにくい。

Good

The dinner expense was an allowable business expense for the following reasons:

•The parties discussed a possible future project for wharf construction in Vancouver harbor.

•The company asked for the opportunity to bid on that project.

•Because of their experience, the Company felt that they had a good chance to win this project, if it proceeds.

•The reason that the Company did not get a contract is because the project did not proceed. This was not known at the time of the dinner meeting.

※良い文章＝一文が短く、箇条書きになっていてわかりやすい。

Profile

Don Nishio （ドン・ニシオ）
元会計士

1954年にユーコン準州ホワイトホースで生まれ、バンクーバー島のナナイモで育つ。

18歳でバンクーバーに移り、1978年ブリティッシュコロンビア州立大学で商学士を取得。

1980年にカナダ公認会計士（CPA）の資格を取得。

1981年に日本に移住し、1年半日米会話学院で日本語を学びながら、東京の日本のCPA事務所で非常勤勤務。

その後、1985年まで監査法人トーマツにてフルタイムで勤務。

バンクーバーに戻ってからは、デロイトとPWCで日本のクライアントを担当する税務部門で勤務。

1987年CICPA－税務専門の資格を取得。

1992年に中国系カナダ人2名と共同でラム・ロー・西尾会計事務所を設立、クライアントの約40％を日本人が占める。

2016年、同事務所はマニング・エリオットと合併し、2021年12月に引退。

引退後はスキー、キャンプ、釣り、ゴルフ、自転車、旅行などを楽しんでいる。

第4章

プレインランゲージの効果

私たちを取り囲むビジネス環境

　IOT化で、あらゆるものがネットにつながり、知りたい情報を調べたり、遠隔操作をしたり、大変便利な時代になった。世界中の人々がインターネットにアクセスできる環境が整う中で、ネットの世界では国境や時差という制約は薄らぎ、その便益を24時間、私たちに提供している。

　そうした便利なネットの世界で、いまだに高い障壁があるとしたら、それは言葉の壁、多言語間の壁ではないだろうか。しかし、AI翻訳エンジンの進化とプレインランゲージの浸透により、その壁が決壊する日も遠くないと私は考える。

　総務省の発表によると日本国内のインターネット全体の情報量[*] は2002年から2020年までのわずかな間に6,000倍と爆発的に増加したとのことだ。そしてそれは現在も加速度的に増加し続けている。

（[*]出典：総務省 総合通信基盤局 電気通信事業部 データ通信課『我が国のインターネットにおけるトラヒックの集計結果』、https://www.gentosha.jp/article/11184/）

　企業や組織、コミュニティから発信される情報の多くは、Webサイトを通して、不特定多数に向けて情報発信される。ネット情報に限らず、テレビ、新聞、雑誌と媒体を通じて提供される情報、国内に限らず海外の情報、そして組織に限らず個人のSNSでの発信を含めると膨大である。私たちはそうした膨大な情報にさらされている。

新たな付加価値や企業価値の創造

　第二次世界大戦以降、技術発展で鉄道や航空機などの移動手段が発達し、人やモノが国境を越えて往来しやすくなり、国際的な決済や資金調達、国際送金の仕組みも確立された。

　さらに現代では、インターネットの発展による情報技術の急速な進化が、距離や場所を問わず一瞬でさまざまなサービス、情報、アイデアを知ることを可能にした。それは原材料の確保から製造、流通、販売に至るまで、国の枠組みを超えてグローバルなサプライチェーンの形成が最適化できるようになり、生産性が向上した。また、人やモノ、カネの流れも一気に加速し、グローバル化を躍進させた。しかし便利になった反面、市場の競争は激しさを増し、格差を生む原因にもなった。

　そうした中、企業は価格競争で勝負する選択肢もあるが、それでは企業経営の持続的成長は困難である。よって、モノやサービス、情報が市場にいきわたり成熟期に入った現在、IOT技術を使い顧客やユーザーに寄り添った商品や付加価値のあるサービスの創造や提供をすることで、競合他社との差別化と優位性を図っている。さらにESG（環境・社会・ガバナンス）の観点で、顕在化した社会課題の解決に貢献することで、社会やステークホルダーに新たな付加価値を提供するべく、企業価値創造に取り組んでいる。

『難しい』『わかりにくい』『関係ない』はゴミ箱へ

多様化する顧客やユーザー、ステークホルダーに対し、付加価値のあるサービスや商品の説明、さらには企業価値創造の施策を説明するのに、明確にイメージできる伝え方をしないとうまく伝わらない。

たとえば、忙しい消費者であれは、ベッドの中や移動の隙間時間で手元のスマホでググり、商品やサービスの仕様や価格の比較検討をしている。『関係ない情報が多くて肝心の知りたい情報が見つからない』、『情報不足で画像もなくて不親切』、『難しくてよくわからない』となれば、そのページは閉じられてしまい、販売する企業からすると機会損失になる。下手をすると低評価の口コミをされる。

さらに2020年のCovid19で、在宅勤務やリモートワークを導入する企業も増え、オンラインによるWEB会議が急速に浸透した。上場企業の株主総会も、ハイブリッド型バーチャル株主総会が実施され、インターネットで議決権行使までもが認められた。

そうした背景もあり、不特定多数の利害関係者と対面でのコミュニケーションはごくごく稀となり、相手の素性やニーズもつかみにくい。そのため、情報発信を担う者は、複雑化する社会で、これまで以上に情報の受け手の事を考え『どうしたら、あふれる情報の中から相手が自分の情報を探してくれ、興味をもち、目的に沿った行動を起こしてくれるのか』という難しい命題に直面している。

ちなみに、ネットとSNSの普及からインフルエンサーやユーチューバーという職種が生まれた。彼らは、短い時間の限られた空間での発

信を余儀なくされ、表現は単刀直入であり、普段着の言葉づかいで親しみやすい。なかでも、語り系のユーチューバーは、情報の良しあしや信ぴょう性はともかく、ユーザーの"知りたい欲求"をそそる明瞭なキーワードや画像編集のテクニックも心得ていて、多くのフォロアーの心をつかんでいる。ダイレクトで短い文、一般的な用語が使われ、プレインランゲージの要素を押さえており、PREP（結論、理由、事例、結論の順に説明する）話法が使われ理解しやすく、明快なコミュニケーションがされているのには感心する。

　実際に、彼らやそのフォロアー、さらに一般ユーザーによる『つぶやき』、『口コミ』という手法の評価や感想が商品やサービスの拡大と売上、さらには企業評価にも影響し、ネットの世界で市民権を得ている。

　ユーチューバーと企業の情報発信者とをひとくくりに考えるのは乱暴かもしれないが、彼らは登録者数や再生回数が収益に直結している。そのため『どうしたら、あふれる情報の中から相手が自分の情報を探してくれ、興味をもち、目的に沿った行動を起こしてくれるのか』という命題は、あながちかけ離れてはいないのではないだろうか。となると、彼らも活用するプレインジャパニーズを試してみる価値があるのではないだろうか。

プレインランゲージの活用

　繰り返しになるが、グローバル化とデジタル化が進む現在の環境下で、多様な相手に対し、明瞭な情報発信で誤解のない意思疎通を図り、的確な判断の動機づけとなることがビジネスを優位に展開するために重要となる。

2023年には、国際標準化機構（ISO）からプレインランゲージの国際標準が出版された。ISOの加盟国が、日本語を含む27言語でプレインランゲージ規格の理念とガイドを用い、円滑な意思疎通をはかるためのコミュニケーション術がまとめられている。その冒頭の「主導原則」には、以下のように記されている。

忙しい読者（情報の受け手）を想定し、発信者には①必要な情報を見つけやすいように提供する工夫、②スピーディーに要点が理解できる工夫、③簡潔で明確な表現を使い、誤解を招かないための工夫、④読みやすさと読み疲れさせないため、視覚的にも配慮を施すための工夫が求められている。それは情報を発信する側と受ける側の「双方にとってお金と時間の節約ができ、信頼構築に重要な手段である」。

　上記の「主導原則」を読むと、当たり前のことが書かれており、拍子抜けすることだろうが、その当たり前ができていない。日本に限らず他国でも"冗長で煙に巻いたような具体性のない文"、"一文に複数の要旨があり、一読して容易に理解できない文"、"主語がなく、受動態を使った、責任の所在があいまいで他人事のような文"等々が、長年の慣行で見過ごされてきた。それらを改める動きが世界的に広がりを見せている。わが国もISO加盟国であり、先進国として政治や行政は国民に対してプレインジャパニーズで明瞭で理解しやすい情報を提供する必要がある。

　プレインランゲージの原型は英国政府によって築かれ、1998年6月1日、米国クリントン大統領が覚書「Plain Language in Government Writing」を発出し、2010年にオバマ政権下で「The Plain Writing Act of 2010」を法定した。以降、医療機関、食品衛生管理機関など、また民間企業で法的に説明責任が求められる文書にプレインランゲージでの記述が定められた。

このように英国政府や米国政府によるプレインランゲージでの円滑な意思疎通を求める機運が高まり、実利に伴う生産性が示されると、民間企業にも普及した。

日本では、一般社団法人日本プレインランゲージ協会（JAPL）がプレインジャパニーズのガイドラインを発行している。このガイドラインはISOプレインランゲージ規格の理念に則り、米国連邦政府が発行するプレインランゲージガイドラインを参考に、同協会が日本語に適した内容に編纂したものである。

プレインランゲージの特長

プレインランゲージやプレインジャパニーズのガイドラインは、文法の解説書ではない。

それらは、実務文章や説明責任を伴う重要情報の作成において効果的なコミュニケーション術のガイドである。プレインランゲージで書かれた文章は、「速く読むことができ、効率的に要点を理解でき、誰が読んでも一つの解釈になるよう明瞭でわかりやすい」伝達を目指している。このガイドラインには、「読者（情報の受け手）をイメージする」といった作成前の心構えから、「重要な情報を先に述べる」、「視覚的に読みやすいデザインのコツ」などが含まれ、忙しい読み手に対しても効果的に情報を伝えるための方法が体系的にまとめられている。

これにより、受け手にとっても理解しやすく、的確な判断を下すための基盤を提供する。さらに、プレインランゲージは、誤解を防ぎ、透明性の高いコミュニケーションを実現することで、企業や組織にとって信頼性を向上させる重要な手段となる。

プレインランゲージの４つの特長

① visually inviting
視覚的に、まず読んでみようと思わせるレイアウトになっている

② logically organized
情報が論理的に整理されている

③ understandable on the first reading
読み返すことなく一読して理解できる

④ in simple word
日常的に使用する親しみのある表現が使われている

上記のように、プレインランゲージやプレインジャパニーズの文章は、短くダイレクトな表現で書かれ、視覚的にも工夫が施されているため、疲れずに読める。

また、重要な情報が見出しや文頭に配置されているため、内容を効率的に理解することができる。さらに、読者が必要な情報を探しやすいように、アクセシビリティやデータの利用と活用が容易にできるよう工夫がされている。

そのため、データの比較や解析が容易であり、次のアクションを迅速に判断する助けとなる。これらの工夫は、単に情報を伝えるだけでなく、受け手にとっての理解と行動を促進するための強力な手段であり、現代のビジネスコミュニケーションにおいて不可欠な要素である。

プレインジャパニーズで文書を作成する場合は、内容がダイレクトに読者に届くように短い文を心がける。イメージとしては、各一文の長さが会話と同じように一呼吸でスムーズに読める長さである。JAPLでは、一般読者に読んでもらうための文の長さとして、平均40字から50字を推奨している。

プレインランゲージの効果と9つの活用事例

　プレインジャパニーズの効果を語る上で、すでにプレインランゲージを導入している米国政府や英国政府、EU議会の事例を参考に、プレインランゲージの活用事例について解説したい。

支持や共感を得る

歴代米国大統領の演説の可読性は「中学2年生」レベル

　プレインランゲージで書かれる代表的文章が、米国大統領就任演説であり、選挙戦での遊説演説である。それらは、あまねく国民と有権者に対し、理解を促し支持を仰ぐために、義務教育課程を修了し習得している人の理解レベルで作られる。

　米国のカーネギー・メロン大学付属言語科学研究所がまとめた「2016年米国大統領選挙キャンペーンからの選挙演説のリーダビリティー（読みやすさ）調査報告」では、2016年の5人の大統領候補者それぞれの各遊説先の演説と、リンカーン元大統領のゲティスバーグの演説をはじめ、歴代の大統領の演説の分析結果も併せて紹介されている。歴代大統領は就任演説で、また大統領候補者は遊説演説で、プレインランゲージを使用している。

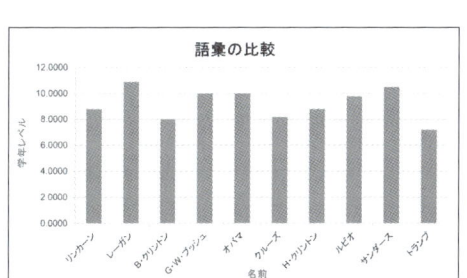

各候補者と歴代大統領の「語彙」のレベル

（出所）Language Technologies Institute, School of Computer Science Carnegie Mellon University "A Readability Analysis of Campaign Speeches from the 2016 US Presidential Campaign"（https://www.lti.cs.cmu.edu）

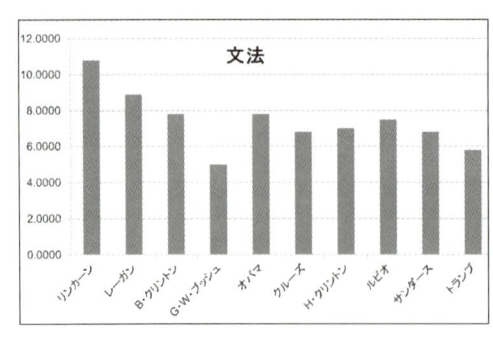

各候補者と歴代大統領の「文法」のレベル

（出所）Language Technologies Institute, School of Computer Science Carnegie Mellon University "A Readability Analysis of Campaign Speeches from the 2016 US Presidential Campaign"（https://www.lti.cs.cmu.edu）

米国歴代大統領	語彙レベル	文法レベル
エイブラハム・リンカーン 第 16 代大統領	中学 3 年生 （現地の 9 年生）	高校 2 年生 （現地の 11 年生）
ロナルド・レーガン 第40代大統領	高校 2 年生 （現地の 11 年生）	中学 3 年生 （現地の 9 年生）
ビル・クリントン 第42代大統領	中学 2 年生 （現地の 8 年生）	中学 2 年生 （現地の 8 年生）
ジョージ・W・ブッシュ 第43代大統領	高校 1 年生 （現地の 10 年生）	小学校 5 年生
バラク・オバマ 第44代大統領	高校 1 年生 （現地の 10 年生）	中学 2 年生 （現地の 8 年生）
ドナルド・トランプ 第45代大統領	中学 1 年生 （現地の 7 年生）	小学校 6 年

2016年大統領候補者	語彙レベル	文法レベル
テッド・クルーズ議員	中学 2 年生 （現地の 8 年生）	中学 1 年生 （現地の 7 年生）
ヒラリー・クリントン議員	中学 3 年生 （現地の 9 年生）	中学 1 年生 （現地の 7 年生）
マルコ・ルビオ議員	高校 1 年生 （現地の 10 年生）	中学 2 年生 （現地の 8 年生）
バーニー・サンダース議員	高校 2 年生 （現地の 11 年生）	中学 1 年生 （現地の 7 年生）

　上記の調査は、語彙と文法の難易度、文の長さ、文中の平均単語数等から、学年レベルを測る指標に沿って提出された結果である。同様のプレインランゲージの英文読みやすさの指標についての解説はJAPLのサイト（https://japl9.org/readability/barometer/ ）でも公

開している。

　報告の中で興味深い点は、ドナルド・トランプ第45代大統領のスピーチでは、他の多くの候補者より2学年以上低い、小学校6年生レベルの文法が使用され、移民やブルーカラーの支持率を高めたと報告されていることだ。

　大統領演説に限らず、公式なライティングやスピーチでは、聴衆や読者層のレベルを想定し、プレインランゲージで原稿を書き、**理解を促すことで支持と共感を得る**ための工夫がされている。もちろん政策や公約の内容と実効性が最重要であるのは言うまでもない。しかし、理解してもらえないことには宝の持ち腐れとなる。

日本語でも公約のわかりやすさと支持率に相関関係があるか？

　カーネギー・メロン大学の報告には「演説や公約のわかりやすさと支持率に相関関係がある」と報告されている。JAPLは、日本においても同様の事象が立証できるのかを調べるため、2024年の東京都知事選の公約、政策の可読性を独自に検証した。検証には、東京大学と共同開発したプレインジャパニーズの基本原則に則った読みやすさを測る診断ツール（仕様と指標は第3章で紹介）で、各候補者のオフィシャルサイトで公開されていたデータを用いて検証した。

　以下がその検証結果で、可読性の高い順に記載した。

① 可読性：高（中学3年レベル）石丸伸二 氏　元市長
　政界経験　4年　得票 約165万票

② 可読性：中（高校3年レベル）小池百合子 氏 現職都知事
　政界経験　32年　得票 約291万票

③ 可読性：やや低（大学生レベル）蓮舫 氏　元国会議員
　政界経験　20年　得票 約128万票

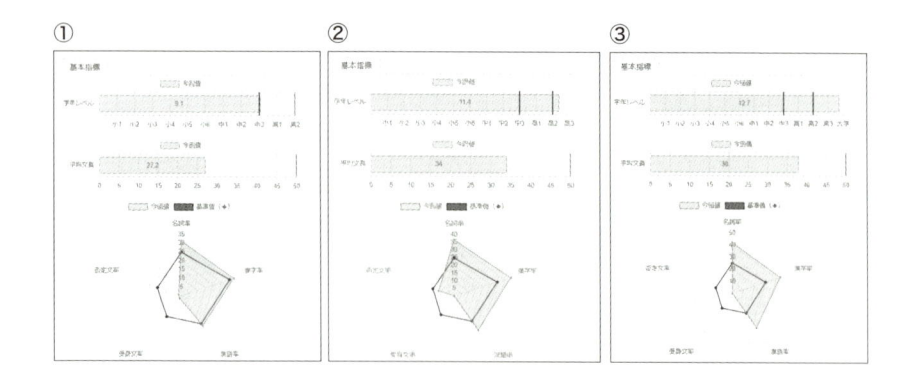

①　②　③

　調査量が限定的であり、一概に「演説や公約のわかりやすさと支持率に相関関係がある」とは断言できない。しかし、興味深いのはプレインジャパニーズの原則に則り可読性が最も高かったのは、政界歴の最も短い石丸伸二氏のものであった。

　彼はSNSを駆使し若年層や無党派の支持を得たことでも注目されている。ネットユーザーは簡潔なコミュニケーションに日頃から親しんでいるため、彼がSNSで簡潔なコミュニケーションを心がけたことは言うまでもない。また、石丸氏は米国駐在経験もあり、プレインランゲージを理解されていたのか否かは不明であるが、簡潔なビジネスコミュニケーションに馴染んでいたことも想像がつく。彼の公約、演説で使用される語彙は中学生レベルであり、受動態や二重否定表現はほぼ使われておらず、形容詞の数も少ない。そのため、文は短い傾向にあり、明瞭なプレインジャパニーズであった。

生産性の向上／時間とコストの節約

英国政府の「行政改革」とプレインランゲージの導入

　本章の冒頭でISOプレインランゲージ規格の「主導原則」で、プレ

インランゲージが「情報を発信する側と受ける側の双方にとってお金と時間の節約ができ、信頼構築に重要な手段である」と明示されていることを紹介した。

その代表的な活用事例は、1979年に英国政府が公文書をプレインランゲージの記述に改め、文書業務の効率化を図り、コスト削減を実現した事例であろう。

1970年代に英国では「プレインイングリッシュ運動」と称される市民運動が勃発した。それまで、政府の公文書や国民に送られる書簡は難解で、市民からの問い合わせや苦情が後を絶たず、長年問題視されており、それに対する抗議活動であった。

右下の写真は、市民が国会議事堂前で政府からの書簡をシュレッダーで切り刻む姿をとらえたものである。そうしたセンセーショナルな映像が全国ネットでテレビ放映されたことで「プレインイングリッシュ運動」は全国に飛び火した。

1979 年に、マーガレット・サッチャー氏が首相に就任したことで、プレインランゲージの導入と文書業務削減と効率化は一気に加速した。サッチャー首相はサッチャリズムと

イギリスでのプレインイングリッシュ運動

(出所) http://www.plainenglish.co.uk/files/issue65.pdf

呼ばれる経済・社会政策で「小さな政府」を目指し、国営企業の民営化、公的支出のカット、規制緩和を推進し「行政改革」に取り組んだ。そして、「プレインイングリッシュ」推進のサポーターであることを大々的に公言し、公文書のプレイン化を訴える国民からの支持を取りつけることで、改革の後押しとした。

同氏は就任直後、官邸にEfficiency Unit（効率化推進室）を創設し、民間から管理改革担当者を迎え、1983年までに130もの行政手続きの合理化を実施し、3年間に6万5000の書式が点検され、うち1万5700が廃棄、2万1300の文章がプレインランゲージで改訂（カッツ・マーティン／マーハ・クリッシー [1986]、p.20）され、規制改革と生産性の向上を実現した。イギリス国家監察局はこの時に行われた行政改革で、1989年までに、1億7000ポンドの節税があったと、公表した（ハドン・キャサリン [2012]、p.6）。

2010年に米国政府は
「The Plain Writing Act of 2010」を制定

米国でも1970年代にプレインランゲージの必要性を訴える消費者運動が高まった。その訴えとは、民間企業に対して明瞭な文章や情報発信を求めるもので、たとえば消費者契約に関する文の難解さに対する苦情や異議申立てとそれをめぐる訴訟も相次いだ。企業は苦情の対応に多くの時間と労力を奪われ、訴訟の費用にも多大な負担を強いられた。

シティバンクは、1975年に契約書をプレインイングリッシュの記述に改め、様式をわかりやすく改訂した。その画期的な取り組みはメディアでも紹介され、消費者からも大きな反響と共感を得ることに成功した。その後、利用者からの苦情や訴訟はおさまり、コスト削減を実現した。他の事業者や団体でもそれを契機に文書改革が促進された。

1978年にアメリカ政府も合理化とコスト削減を図り、大統領令でプレインイングリッシュの記述法が導入され、2010年に「The Plain Writing Act of 2010」が制定された。

Original Citibank Promissory Note

Revised Citibank Promissory Note

改訂前と後のシティバンクの契約書

投資家はプレインランゲージを好む

　上場企業は、投資者保護や公益のために有価証券報告書や四半期報告書を公開しており、これには内閣府令で定められた情報が記載される。投資家は、経営指標の推移や経営環境の把握、リスクや課題への対処法を参考にして、投資判断を行う。

　1998年に米国証券取引委員会は上場企業の開示資料（投資家情報）をプレインランゲージで記述するよう求め、ガイドブックを発行した。その冒頭には「財務報告書には、シェイクスピアのような冗長で文学的な表現は必要ない。私たち、投資家は長年そうした難解な文に頭を痛めてきた。今後は、ダイレクトで明確な報告書が私たちの時間を有効に使わせてくれるだろう」と、投資家を代表し、ウォーレン・バフェット氏の歓迎のあいさつ文が寄せられている。

　同氏は米フォーブスの長者番付に常に名を連ねる資産家（個人資産970億ドル/約13兆6000億円/2020年）で、彼がCEOを務める投資会社バークシャー・ハサウェイの年間収益率平均は19.8%（1965年-2022年）と、全米平均率の約2倍の高い水準を誇る。同社の年次報告書はプレインランゲージで書かれ、読みやすいことで定評がある。バフェット氏は有限である時間を1秒たりとも無駄にしたくないので、投資判断のための企業報告は簡潔、明確、具体的施策と説明を切望しているが、それは全投資家の総意であろう。

　バフェット氏は2020年から日本の5大商社株を保有している。日本株投資に本格的に乗り出したバフェット氏に限らず、海外投資家は投資先の日本企業に対し、簡潔、明確、そして具体的な報告を求めることは言うまでもない。

企業の卓越性を測る指標に使われる
プレインランゲージ

　企業の開示資料を表彰するアワードはいくつかあるが、その中でも権威あるアワードに、Labrador Transparency Awards（開示情報の透明性を評する賞）とIRマガジン社のコーポレートガバナンスアワードがある。Transparency Awardsの主催はヨーロッパで30年以上、米国で10年以上の歴史があるラブラドール社である。評価基準は、アクセシビリティ、正確性、比較可能性、利用可能性、明確性の5つの要素からなり、評価基準も公開され厳格に審査がされる。評価基準の5つ目の明確性については、「文章はプレインランゲージで記載され、読者がすぐに理解できる」ことと定義されている。

　2つ目のコーポレートガバナンスアワードを主催するIRマガジン社は、投資家と投資に関連するプロフェッショナルのためのグローバルな独立組織として、30年以上の実績がある。公開されている評価基準は、法的開示の完全性、効果的コミュニケーション、読みやすさ、開示の速さ、ビジュアルデザイン、全体のレイアウトである。

　上記のプロ向けのリサーチャーや専門メディアが企業の卓越性を測るのに、両者共通して明確性と、読みやすさを評価基準に置いている。忙しい投資家をはじめとするステークホルダーはプレインランゲージを好むのである。

出典：https://www.transparencyawards.com/criteria-2023/
　　　https://events.irmagazine.com/cga2023/

説得力のある文章を書くために

“対話”にロジックとプレインランゲージの両輪を

人はそれぞれ置かれた立場が違い、無意識に自らの立場から人や物事を見て主張や発言をする。同じ事柄に対しても、人によって持つ感情や欲求も異なる。物事に対する受け止め方は、これまで育ってきたなかで身に付いた習慣や、文化の違いも大きく影響するため、異なる背景、異なる価値観を持っているのは当然であり、異なる主張や価値観の違いを理解するのに対話が必要となる。

逆に言えば、みなが横並びの同質性を重んじることで、独自の主義主張ができないのでは、建設的対話につながらないということである。

英語では「対話」を「ダイアログ(dialogue)」といい、相互理解のためのコミュニケーションという意味を持つ。それぞれ価値観が異なることを前提に、異なる価値観を真っ向から否定したり、排除するのではなく、お互いを尊重し、異なる主張も含めて理解するために話し合い、目的に沿った建設的な策を導き出すことが対話であると考える。

一社）日本IR協議会は会員企業のIR活動推進の一環で多くのセミナーを主催しており、当社も2010年より『プレインランゲージの英文セミナー』の企画、講師を年3回務めている。これまでの累計でおよそ3500人の広報IRに携わるビジネスマンに向け、プレインランゲージを紹介し、海外での事例や効果を説き、ようやく認知がされてきた。

2023年よりゲストスピーカーとして、哲学者であり、東京大学大学院 野矢茂樹名誉教授に『わかりやすく説得力のある文章を書くために』というテーマで講演をお願いしている。野矢教授は哲学、論理学

の著書を多数執筆されており、いずれもそのわかりやすい解説に定評がある。

プレインランゲージの英文セミナーに、どうして哲学や論理の解説が必要なのか。いったい論理とプレインランゲージとはどのような関係があるのかと疑問を抱かれるかもしれないが、大いに関係がある。

『曖昧な日本語』と『明確な英語』について、本書の「はじめに」でも触れたが、日本語は曖昧でも、相手が日本人であれば、聞き手が話し手の内容を推し量って理解してくれる。ところが、英語では、結論を先に提示し、その後に理由や証拠を説明するPREPの構成が一般的である。また英語の文ではシンプルな文法の構造が、論理的な文章を組み立てやすくしている。それだけでなく、アメリカ人翻訳家らによると、アメリカでは高校や大学のディベートや議論、レポートでロジック（主張と論拠）を徹底的に叩き込まれるということだ。

そのため、言葉の構造や文化的背景の異なる日本人の思考で、たとえ高度な英文法や専門的な語彙を使っても、話を筋道立てて論理的に説明できていないと、内容が不明瞭で伝わりにくい英語になる。特に前置きが長く、いつまでたっても結論が見えてこない説明は、英語話者には理解し難いもののようだ。

ご存じの通り、2022年より高等学校の国語で「論理国語」という科目が新設された。その狙いは「主体的、対話的で深い学び（アクティブラーニング）」を目指すことであり、創造的に思考して自分の考えを形成し、論理的に表現する能力を育むことにあるそうだ。

辞書には、「論理とは考えや議論などを進めていく筋道、思考や論証の組み立て、そして思考の妥当性が保証される法則や形式である」とある。

プレインランゲージを習得し、わかりやすい表現法を身に付けたとしても、論理のつじつまが合っていないと主張の立証はできず、相手を納得させることはできない。特に英文IRについては、ロジカル思考の相手との対話になるわけで、発信する側も同様に論理的思考で臨んで円滑な意思疎通が形成されると考える。そのため、まず日本語の論理を理解することが必要であると考えたからである。

野矢教授の講義では、主張のつながりを把握させるために**接続詞を活用する**点、また**文章の骨格を明確にする**点について、解説いただいた。そして、わかりやすく説得力のある文章を書くために、国語力を鍛えるには、文章の要約を繰りかえすことが有効であるとのことだ。文章の要約をすることで、主義主張が曇りなく澄んで見えるようになるため、根拠の誤りがあればそれも明晰になるということである。

文章の骨格を明確にするための解説では、骨格を木に例えると、**幹**（言いたいこと、主義主張）があり、**枝葉**（読んでもらう工夫、理解してもらう工夫、納得してもらう工夫）があり、それらを整理することにより、わかりやすく説得力のある文章が書けるということである。プレインランゲージは野矢教授の解説例にある**文章の骨格の枝葉**にあたる。よって極端に言えば、**幹のない枝葉は生きていない落ち葉**ということである。

5 グローバルコミュニケーションの最強ツール

トヨタ自動車のイノベーション

2020年4月に東洋経済新報社より『短い英語』という本を出版した。そこでは主にプレインランゲージの英語に関する解説をし、プレイン

ランゲージとの出会いを紹介するパートでトヨタ自動車のグローバル展開におけるプレインランゲージによるコミュニケーションが戦略として功を奏したのではないかと説いた。

その推論を本パートで紹介したい。プレインランゲージとの出会いは、2001年にトヨタ自動車の翻訳業務を請け負ったことがきっかけとなった。そこから16年にわたりプレインランゲージで英語訳の対応をし、プレインランゲージの効果を理解し、それがビジネスの成功に必要なツールであるという感触を得た。

翻訳会社を設立してから2年が経過した2001年に、トヨタ自動車の代理店からそのプロジェクトの問い合わせを受けた。翻訳業界に入っておよそ10年が経とうとするのに、私もその時はじめてプレインランゲージ（プレインイングリッシュ）という言葉を耳にした。

翻訳会社でもなく、コミュニケーション関連の会社でもないトヨタ自動車が当時プレインイングリッシュをとり入れた点には驚かされた。同時に現場力の強いトヨタ自動車ならではの判断だと感服した。

プロジェクトが始まり、月日が経ったある朝に「トヨタ自動車が『報告書を紙1枚にまとめる』ことを徹底している」というテレビのニュースが目に留まり、愕然とした。

というのも、プロジェクトが開始され、最初に日本語の原稿に目を通した時に受けた強い違和感は当時の私には衝撃的だった。杓子定規な時候のあいさつ文や前置きはなく、表紙めくるといきなり「みなさんこんにちは！　○○の○○です。さて、みなさんに○○について……」とあり、それまで携わった英訳の原文である日本語のビジネス文章では見たことのないフランクな文に驚かされた。トヨタ自動車が

当時参戦していたＦ１の現地からの報告文などは簡潔なあまり、素っ気なく不愛想な印象すら受けたが、そうした私個人の思いは即座に打ち消し、アメリカ人翻訳者に原稿をつないだ。そしてアメリカ人翻訳者はプレインランゲージで臨場感あふれる熱戦の模様を表現した。

　しかしテレビニュースから、それが意図してされていたことを知り、プロジェクトを管理する立場の自分が本質を理解していなかったことへの焦りと、危うさを感じ驚愕したのであった。

　そして、耐えがたい自分の愚かな点は、それまで馴染みのなかったフランクなあいさつ文や素っ気なく不愛想だと思った日本語原稿をプレインイングリッシュで上手く翻訳してくれるのは、アメリカ人の優秀な翻訳者がいてはじめて完成すると長らく思いこんでいたことにある。

　トヨタ自動車の簡潔で明確な日本語ドキュメント、すなわちプレインジャパニーズへの取り組みが先なのか、プレインランゲージでの英文コミュニケーションの導入が先だったのかは不明である。

　どちらにせよ、トヨタ自動車のグローバリゼーションの成功の影に、このプレインランゲージのコミュニケーション戦略が大きく影響したと確信している。そして、その成功の秘訣は日本語文章のイノベーションにあったと考える。なぜなら、元の原稿がプレインジャパニーズでなければ、どんなに優秀な翻訳者が携わっても、難解な日本語をプレインランゲージに翻訳することはできない。それからずいぶんと後になり、そのことを思い知らされ、あらためてトヨタ自動車の企業としての強さを痛感した。

6 顧客満足とブランディングツール

外資系企業はプレインジャパニーズを導入している

　プレインランゲージの普及の必要性を感じ、2019年にプレインランゲージの普及団体である一般社団法人日本プレインランゲージ協会（Japan Association of Plain Language：略称JAPL）を設立した。その目的は主には日本企業や地方自治体、行政に対し、広くプレインランゲージの理解を促し、活用してもらうことにあった。ところがふたを開けてみると、日本企業からの問い合わせはもちろんだが、日本に進出している外資系企業からプレイジャパニーズについての問い合わせや業務の要請を受けるようになったのは、想定外であった。

　たとえば、証券会社、生命保険会社、製薬会社、不動産会社等からの問い合わせで、ウェブサイトなどのセールスツールをプレインジャパニーズでローカライズする業務や、日本人社員のプレインジャパニーズの実践のための研修の要請である。

　少し余談になるが、これまで世界的に有名なコスメティックブランドや、そのロゴを目にしたら誰でもわかる高級ブランドのセールスツールや従業員のトレーニングマニュアルの日本語への翻訳業務に携わる機会を幸運にもいただいた。その時に感じたことは、彼らは自らのブランドという付加価値を構築するためにコミュニケーションを非常に重視しており、ブランドストーリーの浸透に始まり、顧客と対面で接するスタッフの教育ツールやガイドラインを充実させ、また、それらを明確に言語化している。その量たるや想像の域を遥かに超えるものがあり、心底感服する。

さて「ブランドボイス」という言葉をご存じだろうか。それは企業がブランドの価値観や独自性を顧客に伝える上で欠かせない要素であり、コミュニケーションスタイルを表す概念や定義である。その一貫性を保つことでブランドの存在感を高め、顧客とのつながりを強化することを目指すものである。

あるグローバル展開する企業から、日本人社員向けの研修業務を請けた。既に英文の教育ツールやマニュアルは充実しているが、そもそも日本人はプレインジャパニーズという概念を知らず認識が低いため、まずはプレインランゲージの概念と効果、その必要性についての概論、そしてプレインジャパニーズの文書作成の実践講座の実施であった。その企業はコスメティックでも宝飾品の企業でもなく、物流施設やデータセンターなど、大規模施設の不動産ビジネスを世界規模で展開している企業である。世界中の社員に向けて「ブランドボイス」では、プレインランゲージを使うことが教育マニュアルに記されてあり、社内の報告書、プレゼンテーション、提案書、ソーシャルメディアでの投稿、投資対効果検討書、社内および社外メールを対象に、プレインランゲージで文書作成することが明示されている。

 ## 翻訳しやすくなる

プレインランゲージは「市民の言語」

EUでは、プレインランゲージが「市民の言語」という愛称で広く親しまれている。これは、EUが多言語・多文化の共同体であることから、効率的な意思疎通が極めて重要であるためである。EUにおいては、公的文書が24の言語に翻訳されて公開されるが、その際に誤解を避けるため、文章の簡潔さと明瞭さが求められる。プレインランゲージは、そうしたニーズに応える形で政策として採用された。

この背景には、EU統合の際に発生した大規模なコミュニケーションの混乱があった。異なる言語や文化を持つ加盟国間で意思疎通がうまく行かず、結果として各国間の誤解によるストレスや不満が高まり深刻化した。この混乱を早急に収拾するため、EUはプレインランゲージの導入を決定し、公的文書の作成に携わる職員に対して徹底した教育と意識改革を実施した。この取り組みにより、プレインランゲージを使用したコミュニケーションがEU全体に浸透し、現在では「市民の言語」として親しまれるまでになっている。

　また、2019年にはプレインランゲージの国際標準規格化を目指すため、ISOの国際委員会によってドラフティング委員会が組織された。この委員会には、EU加盟国をはじめ、オーストラリア、米国、カナダなど、加盟国から委員が招集され、規格のガイドラインを詳細に検討した。各委員は、それぞれのコミュニケーションや翻訳の専門分野に基づいて、起草原案に必要な修正や追加を提案し、国際規格の策定に寄与している。

　そのISOプレインランゲージのドラフティング委員会の議長は、EU議会の翻訳業務を統括する総局に所属し、EU全体の翻訳とコミュニケーションの品質管理の統括者である。プレインランゲージの普及は、EU内の多言語間の円滑なコミュニケーションの実現に大きく貢献したこともあり、彼らはそれが重要だと、経験を通じて強く感じている。特に、プレインランゲージが政策や法令の理解を容易にし、EU市民が自らの権利や義務を正確に把握できるようになることで、EU全体の統合と調和が進んでいることを目の当たりにし、それが広く普及することの意義を感じているのであろう。

　私も日本の委員としてISOのドラフティングワーキンググループに参加しているが、各国の委員、特にEU加盟国、オーストラリア、米国、カナダの代表たちは、プレインランゲージに対して深い理解を持

ち、積極的に取り組んでいる。日本とこれらの国々の間には温度差があることを私は懸念しているが、国際的な取り組みを通じて、プレインランゲージの価値と影響力が広がり、日本でもその理解と普及が進むと期待している。

⑧ AIと親和性がある

より正確な結果を引き出すことができる

プレインランゲージとプレインジャパニーズは人工知能（AI）との親和性が高い点でも注目されている。AIは言語を解析し、意味を理解することで様々なアウトプットを生成するが、複雑で曖昧な表現ではその性能を低下させる可能性がある。プレインジャパニーズのように明確でシンプルな言語表現を用いることで、AIの理解度が向上し、より正確な結果を引き出すことができる。

たとえば、AIを用いた自動翻訳や自然言語処理の分野では、プレインジャパニーズを使用することで、誤訳や不正確な解釈を減らし、アウトプットの質が向上することが確認されている。このように、プレインジャパニーズで明瞭な文書作成と発信ができれば、AIによる文章の解析や翻訳が容易になり、異なる文化圏や言語を持つ人々とのコミュニケーションが円滑に進む。

さらに、プレインジャパニーズはデータ解析にも有利に働く。データ解析の過程で、AIは大量の情報を処理し、その中から意味のあるパターンを見つけ出す必要があるが、曖昧なデータが混在していると、その精度が低下するリスクがある。プレインジャパニーズで記述されたデータは、明確な情報が提供されるため、AIがより効率的にデータを処理し、信頼性の高い結果を導き出すことが可能である。

●AIが苦手とする曖昧な表現例

「当社の業績は、今後も**安定的に推移する**見込みです。」
「市場の**状況が好転すれば**、当社の売上は**増加する可能性があります。**」
「為替リスクには**適切に対応していく方針**です。」
「当社は今後、**適切な**コスト削減策を講じる予定です。」

　プレインジャパニーズは投資家からも歓迎される。それは明確なコミュニケーションはビジネスの成功に直結し、投資リスクの低減にもつながるためである。投資家にとって、AIを活用した企業分析においても、プレインジャパニーズが採用されることで、より透明性の高い情報開示が行われることは、安心材料となる。このように、プレインジャパニーズはビジネス分野での活用が期待され、今後も重要性が増していくだろう。

⑨ 主張を明瞭にし、対話を実現する

プレインジャパニーズ：信頼と価値を創造する勇者の言葉

　現代の多様なグローバルコミュニケーションにおいて、プレインランゲージ、そしてプレインジャパニーズでの「**対話**」が必要とされている。

　プレインジャパニーズのガイドラインでは、受け手のことをイメージし、情報を整理し、要点を絞り、明確かつ簡潔に述べることが記されている。それを実行すると、文書内の必要な要素だけが残り、非常にわかりやすいコミュニケーションが可能となるが、一方で曖昧さがなくなり、ダイレクトな表現となるため、忖度が通用しなくなる。また、具体的な方針や施策が欠けている場合、それが露呈し、ごまかしが効

かなくなる。そのため、プレインジャパニーズの導入には、発信する側の責任者の決断と、執筆者の覚悟が不可欠となる。

先にも述べたように、EU加盟国をはじめとするオーストラリア、米国、カナダでは、すでにこうしたプレインランゲージを用いた情報発信が行われている。

しかし、阿吽の呼吸で文脈を読み合い、ハイコンテクストな日本語のコミュニケーションに慣れ親しんできた我々にとって、プレインジャパニーズで発信を行うことは、勇気を要する行為であり、その実践には確固たる決意が必要となる。

私もISOのプレインランゲージの国内委員であり、普及団体のリーダーである立場から、これまでプレインジャパニーズを実践し、発信してきたが、やはり覚悟と勇気を要した。なぜなら相手から拒絶され、排除される不安があったためである。そのためプレインジャパニーズを「勇者の言葉」と称し、自らを奮い立たせてきた。

それは、プレインジャパニーズは、単なる言葉や表現の選び方以上に、団体や組織、個人の姿勢や誠実さを問うものであり、真の信頼と共感を築くための「対話」を実現する強力なツールになると考えるからである。さらに、互いの異なる主張を明確にし、それを理解しながら建設的な最善策を導き出し、より高い価値創造を目指す。そうした人材こそがリーダーであり、相互の発展や課題の打破を実現し、強固なパートナーシップを築けると信じている。

以上がプレインランゲージの9つの効果についての紹介である。まずはプレインランゲージを理解し、できることから継続的に試しその効果を体感いただきたい。

説明責任が問われる時代

　英国や米国では、1970年代から、市民や顧客、ステークホルダーの知る権利を守るための取り組みが進められてきた。特に、弱者である消費者を保護し、彼らが不利益を被らないようにするため、発信者に対する説明責任の重要性が高まったためである。これは単に情報を提供するだけでなく、受益者がその情報を正しく理解し、納得し、適切な判断を下せるようにすることを求めるものである。そのため、相手に寄り添った説明や、わかりやすい表現が必要とされてきた。このような背景のもと、プレインランゲージが有効なツールとして活用され、受益者との信頼関係の構築に寄与している。

公正・公平な情報発信へ

市民の知る権利、情報弱者を守る世論の変化

Before　受益者　発信者　After

発信者　1970〜　受益者

情報所有者の特権　　　　受益者の知る権利・保護

　日本でも、近年、公正で公平な説明責任を果たすことへの関心が高まりつつある。特に、公的機関が市民に対して発信する文書や法的情報の開示、または危険や損害に関するリスクコミュニケーションにおいて、説明の透明性とわかりやすさが求められている。プレインジャパニーズは、このような場面で、公正な情報発信を実現するための重要な手段として注目されている。その結果、多様化する社会において、あらゆる人々に正確かつ理解しやすい情報を提供するための取り組みが進んでいる。

そのため、プレインジャパニーズの普及は、公正な情報発信と説明責任の確立に向けた重要なステップであり、その意義はこれからもさらに高まっていくと予想される。

プレインランゲージで期待できる効果

情報発信の目的を果たす ➡ **行動を促す** (動機づけ)

①組織への理解が深まる

③信頼関係が構築される

共感を得る
ファンが増える
＊質の高いFBが期待できる

顧客満足
ブランディング
付加価値の創造

②的確な判断に繋げてもらえる

④媒体の発信力が高まる

プレインジャパニーズの人材教育と必要性

プレインランゲージのコミュニケーション法を導入したEU加盟国や他の国々でも、はじめからスムーズに広まったわけではなく、試行錯誤を重ねながら浸透してきた。そうした過程ではルールや制度の整備、組織編成と並行して、人々にプレインランゲージを理解させ、意識改革と実践のための人材教育が不可欠であった。

海外の事例でも示したように、プレインジャパニーズを導入することで、コストや労力の削減による生産性向上が期待できる。さらには、顧客満足の向上やブランディングの構築といった付加価値の創造にもつながるのである。

そのように、今後その必要性は高まることだろう。しかし、広がるプレインジャパニーズの需要に対して、プレインジャパニーズを実践できる人材教育は追いついていない。そのため、教育の整備が急務であると考える。

　JAPLでは、プレインジャパニーズの人材育成を目的とした研修と資格試験の開設を準備中である。本書の第3章では、その資格試験に向けた問題例も収録している。多くの方々に興味を持っていただき、プレインジャパニーズのコミュニケーション法を習得し、組織や企業の発信力強化に貢献していただくことを切にお願いし、本章を締めくくりたい。

プレインランゲージに対する
5つの誤解と導入の成果

✏️ Joseph Kimble（クーリー法科大学院名誉教授）

プレインランゲージは誤解されている部分が多々あります。よくある5つの誤解と、その真相を紹介しましょう。

1.プレインランゲージは幼稚?!

回答：プレインランゲージを使うと子供っぽくなったり、相手を見下していることになるという事実はありません。プレインランゲージは対象とする読者に、明確かつ効果的にメッセージを伝えるためのライティング術です。高度なスキルであり、習得するには努力も必要です。

2.プレインランゲージは意味を歪める?!

回答：過剰にシンプルにしたり、意味を変えたり歪めたりすることはプレインランゲージではありません。理解するのが難しい、書き手の顔が見えてこない文書は、書かれている情報自体が曖昧で不明瞭な場合がほとんどです。そのためプレインランゲージに書き換えるプロセスで、元の内容がいかに曖昧で不明瞭であったかが浮き彫りになります。つまり、プレインランゲージで書かれた文書が明瞭で正確であるのは、伝えるべき情報をより明確にするプロセスの結果であると言えます。

3.プレインランゲージは専門用語を否定している?!

回答：プレインランゲージは、プロが使う専門用語を否定するものではありません。専門用語は法律文書や公的文書のほんの一部の構成要素でしかありません。

4.プレインランゲージはシンプルな単語と短文でのみ構成される?!

回答：シンプルな単語と短文だけがプレインランゲージではありません。明快なコミュニケーションを実現するための数多くのテクニックを使います。文書の計画、整理、文の構成、言葉の選び方も大切な要素です。また、大勢に向けた文書を書く際に、典型的な読み手のデモグラフィック（人口統計）で構成された少数グループで事前にテストするというテクニックも活用しています。

5.プレインランゲージはかえってコミュニケーションの妨げとなる?!

回答：プレインランゲージを使うと、従来の形式で書かれた法律文書や公的文書よりも効果的にコミュニケー

ションができます。これは多くの実証データで証明されています。

プレインランゲージを使うことで、時間と経費が削減できます。これは情報の受け手にとっても同様です。政府が民間に情報を開示する際にプレインランゲージを使うと、規制を順守する人も増えます。拙著『Writing for Dollars, Writing to Please』に掲載されている実例から具体的な成果を見ていきましょう。

①プレインランゲージの導入後、電話の問い合わせ件数が減少

担当者1人が対応する月間電話数は、従来の案内では94件でしたが、プレインランゲージでの案内に変えてからは16件にまで減少しました。

年間の合計では1,128件から192件にまで減少しました（出典：米国ジャクソンMS事務所、退役軍人給付金様式に関するデータ）。

②プレインランゲージで問題解決までの時間を短縮

米国連邦通信委員会（FCC）がプレジャーボート用無線について定める規則について、ユーザーに数点の質問をしました。質問の答えは、規制に記載されており、そこから回答を探してもらいます。回答までにかかった時間の平均を比較します。

プレジャーボート無線経験者は回答までに従来2分26秒を要していましたが、プレインランゲージの導入後は1分30秒に短縮されました。

プレジャーボート無線未経験者の場合、従来は3分31秒を要していたのが、1分44秒にまで短縮されました。

（出典：FCCプレジャーボート用無線に関する規則）

③プレインランゲージでミスが減少

・従来の様式：40%

・プレインランゲージを使った様式：20%

（出典：カナダ政府、木の無料配布申請様式に関するデータ）

④プレインランゲージで順守率が向上

・従来の様式：40%

・プレインランゲージを使った様式：95%

（出典：カナダ政府、家畜登録をするために必要な政府証明書）

ここからはさらに具体的な数値で、経費削減や関係改善の事例を紹介します。

事例①：プレインランゲージを使って作成された最初の規制は、米国連邦通信委員会（FCC）による無線ラジオ規制でした。規制の文をプレインランゲージに変更した数カ月後、FCCに届く電話や手紙の数が激減。従来は質問の対応に5人を要していましたが、問い合わせが減ったため5人は別部門に異動しました。

事例②：米国退役軍人給付管理局

（VBA）では数年に一度、すべての退役軍人に案内を送付します。案内の目的は、受益者に登録更新してもらうことです。登録が有効でないと、退役軍人の死亡後、VBAスタッフが受益者を探し、確認する必要があります。当初この案内に対する返信率は43％でした。しかし、案内をプレインランゲージで書き直すと、返信率が65％に向上しました。その結果、VBAは440万ドル相当の労働時間を削減しました。

事例③：2006年、アリゾナ州税務局では、約400種類の様式をプレインランゲージを使った形式に改訂。シンプルで整理された、端的な表現を使用し、税理士のサポートがなく ても内容が伝わる様式を目指しました。2007年には修正前の年に比べ、電話での問い合わせ数が18,000件減少。時間の節約につながり、申請処理数が30,000件増えました。同じ質問に繰り返し答える必要がなくなり、スタッフの仕事に対する満足度も向上。アンケートによると市民の満足度も上がりました。税務局の代表は次のように述べています。「市民は『自分が何をする必要があるか』がわかり、満足度の向上につながっています。プレインランゲージはスタッフと市民に良い影響を与えました」（出典：Plain Language: The Bottom Line | plainlanguage.gov）

Profile

Joseph Kimble （ジョセフ・キンブル）
クーリー法科大学院名誉教授

　30年以上にわたり、米国ミシガン州ランシングのクーリー法科大学院にてリーガルライティングおよびドラフティングを教える。現在は名誉教授として活動。全米および海外で講演を行っているほか、リーガルライティングに関する多くの記事を執筆。著書には『Lifting the Fog of Legalese: Essays on Plain Language』（2006年　）、『Seeing through Legalese: More Essays on Plain Language』（2017年）などがある。特に近著『Writing for Dollars, Writing to Please: The Case for Plain Language in Business, Government, and Law』（第2版 2023年）では、プレインランゲージに関する概説、10の誤解、50の歴史的な重要事項、公式文書や法的文書への適用における優れたメリットを示す60の実証的研究を取り上げている。『The Scribes Journal of Legal Writing』のシニアエディターや、『Michigan Bar Journal』の「Plain Language」コラムのベテラン編集者として活躍するほか、『Judicature』の「Redlines」のライティングコラムの編集者も兼任。また、プレインランゲージの国際組織Clarityの元会長であり、Center for Plain Languageの創設ディレクターでもある。1999年より、連邦裁判所全規則のドラフティングコンサルタントを務め、連邦民事訴訟規則（Federal Rules of Civil Procedure）および連邦証拠規則（Federal Rules of Evidence）のリドラフティング（書き直し）作業を指揮。同氏はその功績により、ミシガン州弁護士会（State Bar of Michigan）より最高賞であるRoberts P. Hudson賞、米国法科大学院協会（Association of American Law Schools）より生涯功績賞、Plain Language Association Internationalより同じく生涯功績賞など、米国や国際的な賞を数々受賞。

第 5 章

プレインジャパニーズ と機械翻訳

プレインジャパニーズと機械翻訳

　これまでわかりにくい日本語をプレインジャパニーズに変えるためのテクニックや効果を説明してきた。当たり前のことではあるが、わかりにくい日本語を英語に翻訳すると、わかりにくい英語になる。昨今は人工知能が格段に進歩してきたため、自分で英文を書くのではなく、機械翻訳を使って日本語を英語にする人も多い。本章では、いったんプレインジャパニーズから離れて、機械翻訳の概要に触れた後、その使い方と問題点を紹介する。さらに、第2章「伝わらないビジネス文書」の文章を使って、日本語を読みやすくすれば、翻訳された英語も読みやすくなるという実例を見ていきたい。なお、機械翻訳は、「自動翻訳」「AI翻訳」「翻訳ソフト」等、いくつかの呼び方があるが、本章ではmachine translation（MT）の日本語訳である「機械翻訳」という用語で統一したい。

① 機械翻訳の概要

　コンピューターを使った翻訳の歴史は意外に古い。1947年にアメリカの数学者ウォーレン・ウィーバーがアイデアを提唱したのが始まりと言われている（瀧田・西島2019）。

　その30年後の1980年代後半、バブル経済の勢いもあってか、富士通、NEC、東芝、シャープなどが商用の機械翻訳システムを販売し、ある程度の売り上げを上げていた。当時は、人間が翻訳をするのと同じように、辞書と文法を使ったルールベースの機械翻訳であり、あまり複雑でない英文ならばそれなりの翻訳精度を保っていた。しかし、日本語は英語に比べて文法構造が解析しにくいため、日英翻訳は使い物になるレベルではなかったし、英日においても文脈を踏まえた自然な日

本語訳を出力することができず、ルールベース方式は失敗に終わった。

　現在のシステムは、「①過去の訳例を大量に集積したデータ（対訳データと呼ぶ）と、②そのデータから翻訳を学習する手法（深層学習と呼ぶ）に基づく翻訳技術」（隅田2022）を使っている。その実力は、研究者や翻訳者によって評価は分かれるが、TOEICで900点とも言われる。

② 機械翻訳の使い方と弱点

　機械翻訳（以下、MT）の使い方は簡単である。Google翻訳やDeepLのサイトに行って、翻訳したい原文を貼り付ければ、すぐに訳文が表示される。ファイルごと訳したり、カメラの画面に訳文を表示させたりする方法もあるが、ここでは触れない。

　MTを使う際、特に日本語から英語に翻訳する場合に気を付けるべき点は、以下である。

・単語や短いフレーズ
・複数の意味に解釈できる文
・日本語独特の表現
・新しい表現や俗語
・単数／複数と男／女

　以下、例を使って説明しよう。なお、本節で挙げる例は、2024年8月16日にGoogle翻訳を使って訳したものである。MTは日々進化しているため、本書の読者が検証しようとしても異なる結果が出る可能性があることは断わっておきたい。Google翻訳の英訳は、とりあえず先頭を大文字にしてくるが、本書では、適宜、小文字に直して説明する。また、本書ではGoogle翻訳を使うが、それが他のシステム

より優っている、もしくは、Google翻訳の批評をするという意図は皆無であることも断わっておきたい。

2.1 単語や短いフレーズ

上述したように、現在のMTは対訳データは持っているが、辞書は持っていない。そのため、英和辞典や和英辞典に載っているような、一つの単語の意味や短いフレーズの翻訳は得意ではない。

たとえば、「娘」という1語だけを入れると、「daughter」と出力される。「女性である子ども」という意味では正しいが、「若い娘の一人歩きは危ない」というような場合は違う。もしこの意味での英語表現が必要ならば、最初から「若い娘」と入力すればよい。その場合は「young girl」と出てくる。和英辞典にはdaughterもgirlもどちらの訳も載っているが、MTは一つの訳しか出さない。そのため、MTを辞書代わりとして使用することはお勧めできない。

また、「膝」という日本語も2通りの意味を持つ。これをMTにかけると、もちろん「knees」と表示される。確かに、通常は、太腿と脛の間の関節部分を意味するが、「膝の上」と言った場合は「座ったときの太腿の上」の意味になる。ところが、「膝の上」だけだと、まだ「on your knees」となる。たとえば、これを「膝の上でパソコンを使う」とすると、「Use the laptop on your lap.」と出力される。若干不自然な英語かもしれないが、laptopは「ノートパソコン」の意味なので間違いではない。

もう1例見てみよう。「一貫の値段」を訳させると、「consistent price」と出力される。確かにconsistentは「一貫性のある」という形容詞だが、「寿司一貫の値段」の話をしている場合には全くの誤訳

となる。この場合も「寿司一貫の値段」と少し言葉を補うだけで「price per piece of sushi」という訳を出してくる。英語として自然かどうかは別として誤解されることはない。

最後に、使っている単語の意味に問題はないが、文法的に間違った例を紹介する。「イベントの広告」を翻訳させると「Advertise your event」と出力される。「advertise」は「広告する」という動詞のため、この英文は命令文のように見えてしまう。Advertiseが動詞であることを知らないユーザーは文法的に間違った英文を発信してしまうことになる。これも「雑誌にイベントの広告を出した」とし、「We advertised the event in a magazine.」とすれば問題は解決する。

2.2 複数の意味に解釈できる文

単語や短いフレーズではなく文レベルでも複数の解釈ができる日本語は、やはりMTが苦手とする点の一つである。以下はその例である。文脈によっては、最初の英訳でもよいのかもしれないが、日本語を書き換えたほうがより明確になっている。

- ✕ あそこはマズい。That place is bad.
- ◯ あそこには行かないほうがよい。You'd better not go there.
- ◯ あの店の料理はマズい。The food at that restaurant is terrible.

- ✕ 今朝はご飯を食べた。I ate rice this morning.
- ◯ 今日は朝食を取った。I had breakfast today.
- ◯ 今朝はパンではなくご飯を食べた。This morning I had rice instead of bread.

上の2例は「マズい」や「ご飯」が複数の意味を持っているために文全体も複数の意味に解釈できる例である。これとは別に考えられる

のが、単語ではなく文法構造の解釈が複数できる文である。たとえば、次の文は「好き」の対象を示すための「が」と主語を示すための「が」のどちらにも解釈が可能になる。

○ ビールが好きなのは花子だ。Hanako likes beer.
✗ 太郎が好きなのは花子だ。Taro likes Hanako.
○ 太郎は花子が好きだ。Taro likes Hanako.
○ 花子は太郎が好きだ。Hanako likes Taro.

2.3 日本語独特の表現

　日本語独自の言い回しや諺はMTにとって難しい場合もある。その場合も、以下のように、何らかの文脈を付け加えるか、その部分が特殊な表現であることを明示することによって訳文が改善できる。

石橋を叩いて渡る

Crossing a bridge only after checking it thoroughly

○ 彼は石橋を叩いて渡る性格だ。He is the type of person to be cautious before making a decision.

蛇の道は蛇

A snake's way is a snake's way.

○ まさに「蛇の道はヘビ」だ。It's true that "a snake knows where the snake is."

2.4 新しい表現や俗語

　MTの出力結果は、「過去の訳例を大量に集積したデータ」に基づいているため、その対訳データに入っていない新しい表現や俗語を入力すると対応できない場合がある。たとえば、以下のような例である。

✕ あいつはネトウヨかもしれない。**He might be a net-uyo.**

「ネト」をnetと推測しているが、「右翼」の省略形である「ウヨ」はuyoとしか出力していない。この場合ならば、全体に書き換えるしかないだろう。

○ あいつはネットでの右翼的発言が多い。
He often makes right-wing statements online.

もう 1 例見ておこう。

✕ 最近の若者はタイパを重視することが多い。
Young people these days often place importance on typing.

深層学習によるMTは、原文の単語や文法に小さな間違いがあっても、問題なく訳してくる場合が多い。しかし、この例ではそれが裏目に出て、「タイムパフォーマンス」というカタカナ語の省略形である「タイパ」を「タイプ」と推測して翻訳している。この場合ならば「時間対効果」とでも言い直せば理解可能な英文となる。

○ 最近の若者は時間対効果を重視することが多い。
Young people these days often place a lot of importance on time-to-performance ratios.

2.5 固有名詞

人名に関しては読み方が多用であることに気を付けたい。たとえば、「錦織」という姓は「にしこり」「にしごり」「にしきおり」などの読み方があるし、「優」という名も「まさる」「すぐる」「ゆう」と複数の読み方がある。書き言葉として入力する場合は、通常、読み仮名を付けないので、MTの出力が間違うこともある。

✗ 今日は中島さんに会う予定だ。I'm planning to meet Nakajima-san today.

○ 今日はMs. Nakashimaに会う予定だ。I'm planning to meet Ms. Nakashima today.

　組織名については、主な企業、団体、大学、施設などMTでも英語の正式名称に対応している場合もあるが、すべてとは言えない。対応していない場合、その組織のサイトで英語名を調べたり、省略せずに日本語の正式名を入れることで正しい英訳が出力されることも多い。

○ 彼は東京大学を卒業してからシャープで働いている。
He has worked for Sharp since graduating from the University of Tokyo.

✗ 彼女は長浜バイオ大学を卒業してからサッポロビールで働いている。
She has been working at Sapporo Beer since graduating from Nagahama University of Bio-Science.

○ 彼女はNagahama Institute of Bio-Science and Technologyを卒業してからサッポロビール株式会社で働いている。

2.6 単数／複数と男／女

　MTに限らず翻訳の際によく話題になるのが単数／複数と男／女である。英語は常に数と性別を決めなければならない言語と言える。

✗ 教室に学生が残っていた。
There were students left in the classroom.

○ 教室に数名の学生が残っていた。
There were only a few students left in the classroom.

○ 教室に学生が一人残っていた。
There was one student left in the classroom.

✗ 部長はしばらく出張しているので、机の上に書類が溜まっている。
The manager has been away on a business trip for a while, so there are a lot of documents piled up on his desk.

○ 部長はしばらく出張しているので、彼の机の上に書類が溜まっている。
The manager has been away on a business trip for a while, so there are a lot of documents piled up on his desk.

○ 部長はしばらく出張しているので、彼女の机の上に書類が溜まっている。
The manager has been away on a business trip for a while, so papers are piled up on her desk.

MTの基盤となる、膨大な量の訳例には、なんらかの偏見が含まれていることも考えられる。欧米に比べて日本企業では女性管理職の割合が低いと言われるが、「部長」は男性だという偏見が翻訳にも現れているのかもしれない。

　以上、単語、フレーズ、文といったミクロのレベルでのMTの問題点を見てきた。ここまでの点をまとめれば、よい英語を出力させるためには、日本語での情報を明確にしなければならないということに尽きる。つまり、MTのためにも文脈や文の意味を明確にすべきだと言える。本章の冒頭で触れたように、20世紀末のルールベースのMTは文脈の処理ができなかった。現在の対訳データと深層学習に基づいたMTは文脈への依存度も大きい。だからこそ、十分な情報を明示する必要がある。それはそのまま、わかりやすい日本語であるプレインジャパニーズにも繋がるのである。

　前節では、単語やフレーズでの翻訳を見てきた。では、文章レベルではどうか。ここからは第2章で扱った文章を中心に、わかりにくい日本語とプレインジャパニーズ（以下、PJ）で書き直した文章では、MTの出力がどう異なるかについて解説する。それぞれの例は、次のような流れに沿って提示する。また、PJで書き直した文章をさらによい英文に改善するために、ステップ(7)「英語の修正」も付け加えている。なお、前節まではGoogle翻訳を使用したが、ここでは同様に普及しているDeepLを使用する。

(1) わかりにくい日本語
(2) わかりにくい日本語の英訳
(3) 問題点
(4) PJで書き直した日本語
(5) PJの英訳
(6) 改善点
(7) 英語の修正

3.1 企画提案書

(1) わかりにくい日本語

社員を雇用するための施策

　日本の特殊出生率は他国と比べて非常に低く若者の人口も減っている。労働力人口（15歳以上人口のうち、就業者と完全失業者を合わせた人口）は、2022年平均で6,902万人と、前年に比べ5万人の減少（2年ぶりの減少）となった。中でも優秀な人材は学生時代からスタートアップで起業することも多く、通常の就職を希望する人材はさらに減少傾向にある。その影響のためか、近年は、当社でも採用

枠を満たすことができなかった年度が続いている。一方、現在、営業部門と生産部門の双方から部員の平均年齢が高く若い人材が欲しいという声が上がっている。当社は商品の売れ行きに比較して一般の人々に社名があまり認知されておらず、人材採用の際にもそれがネックとなっている。こういった状況に鑑み優秀な人材の確保を目的として10月にコンベンションセンターで開催される人材募集フェアのマイキャリ若手転職フェアに出展することを提案する。

　この展示会は人気があり、昨年度も一つのブースに対して2日で平均60人ほどの面談数があり、今年度も同様の面談者が期待できる。また、ブース以外に30分ほどの講演会が2日で10回あり、その聴衆をブースに呼び込むこともできるかもしれない。会場は交通の便もよい県立コンベンションセンターで季節的にも10月半ばの過ごしやすい時期なので多くの来場者が見込まれる。ブースの面積は9平米でテーブルや椅子を置いて求職者と面談が可能である。展示費は80万円であり、社長も年頭の挨拶で今年は若く熱意ある人材を豊富に雇いたいと言っていたので、当社も是非ブースを出すべきだと考える。

　当社が女性も活躍できる会社であることを全面的に打ち出していくために、ブースの担当者の半分は女性社員にすることを提案する。展示ブースには限りがあるので、当社の将来のためにも、できる限り早めに申し込みたいところである。

(2) わかりにくい日本語の英訳

Measures to Hire Employees

　Japan's fertility rate is very low compared to other countries and the youth population is declining. The labor force (the population aged 15 and over, including both the employed and the totally unemployed) averaged 69.02 million in 2022, a decrease of 50,000 from the previous year (the first decrease in two years). Among them, the number of talented people often start their own businesses as start-ups from their student days, and the number of people seeking regular employment is further decreasing. Perhaps due to this effect, in recent years there have been a number of fiscal years in which we have been unable to fill our hiring quotas. On the other hand, both the sales and production departments are currently asking for younger personnel due to the high average age of the department members. Compared to the sales of our products, our company name is not well known by the general public, and this is also a bottleneck when it comes to recruiting personnel. In light of this situation, we propose that the Company exhibit at the MyCalli Young Career Change Fair, a recruitment fair to be held in October at the Convention Center, in order to secure excellent human resources.

This exhibition is very popular, and last year we had an average of 60 interviews per booth over a two-day period, and we expect to have a similar number of visitors this year. In addition to the booths, there will be ten 30-minute lectures over the two days, and it may be possible to attract that audience to the booths. The venue is the Prefectural Convention Center, which has convenient transportation, and since it is in the middle of October, a seasonally pleasant time of year, a large number of visitors are expected. The booth area is 9 square meters, and tables and chairs can be set up for interviews with job seekers. The exhibition fee is 800,000 yen, and since the president said in his New Year's address that he hopes to hire an abundance of young, enthusiastic people this year, we think that our company should definitely have a booth there.

In order to fully emphasize that our company is a company where women can also play an active role, we propose that half of the people in charge of the booth be female employees. Since the number of exhibition booths is limited, we would like to apply as soon as possible for the future of our company.

(DeepL 無料版 2024 年 8 月 10 日)

(3) 問題点

　全体に情報過多なため、重要な情報が見つけられず、読み手に余計な負担をかけている。ほかにも以下の問題点が見られる。

- 日本語では主語が明確でないため、英文にするとweと訳されているところが7カ所ある。そのうち、in which we have been unable toとwe expect to have a similar number of visitors以外は別の主語を立てるべきである。

- 「マイキャリ若手転職フェア」がMyCalli Young Career Change Fairと訳されているが、この展示会自体が英語名を持っている場合はそれを使用すべきである。

- 「会場は交通の便もよい県立コンベンションセンターで…」の箇所は一文が長いため、英文も33語と長くなり、カンマも多く、一読して理解しにくい。

　では、第2章で示した、以下の4つの改善ポイントに従って書き直した日本語はどのような英語に訳されるだろうか。

- タイトルは、文書の目的が伝わる内容にする
- 重要でない枝葉末節は省略する
- 情報を箇条書きにしてまとめる
- 日時等を具体的な数字で表現する

人材募集フェアでの展示ブース出展企画提案書

当社における近年の若手不足を解決するために、以下の人材募集フェアへの出展を提案する。

名称：マイキャリ若手転職フェア

当フェアは、昨年度、一つのブースに対して2日で平均60人ほどの面談数があり、今年度も同様の面談者が期待できる。ブース以外に30分ほどの講演会が2日で10回ほどあり、その聴衆をブースに呼び込むことも可能である。

日時：10月19日（金）13:30～19:00、20日（土）10:30～17:00
会場：県立コンベンションセンター
ブース面積：9平米（間口3m×奥行き3m）
展示料：80万円（2日間）
　　　　簡易テーブル2卓と椅子6脚の貸出しは無料
締切り：3月31日（いっぱいになり次第、申し込み終了）

当日は、総務部員が交替で担当し、常に、男性社員と女性社員の両方がいる状態にしておきたい。

Proposal for Exhibiting at a Recruitment Fair

In order to solve the recent shortage of young workers in our company, we propose to exhibit at the following recruitment fairs.

Name: MyCalli Young Career Change Fair

Last year, an average of about 60 people had interviewed at one booth over two days at this fair, and we expect the same number of interviews this year. In addition to the booths, there will be about 10 30-minute lectures over the two days, and it will be possible to attract the audience to the booths.

Date: Friday, October 19, 13:30-19:00; Saturday, October 20, 10:30-17:00
Venue: Prefectural Convention Center
Booth area: 9 square meters (3m frontage x 3m depth)
Exhibition fee: ¥800,000 (for 2 days)
	Free rental of 2 simple tables and 6 chairs
Deadline: March 31 (applications close when full)

On the day of the exhibition, General Affairs Department staff will take turns being in charge, and both male and female employees should be present at all times.

（DeepL無料版2024年8月10日）

(6) 改善点

　プレインジャパニーズで箇条書きにしたことによって以下の点が改善されている。

- 必要な情報が見つけやすくなった。

- 主語が不明確なところが減ったためweと訳されているところが2カ所に減少した。最初のweはIに修正すべきだが、2つめのweはそのままで問題ない。

- 「マイキャリ若手転職フェア」の訳はMyCalli Young Career Change Fairと変化がないが、それが名称であることがわかる。

- 長い文がなくなり、最も長い英文でも29語と若干短くなっている。

　前の英文は機械翻訳の出力のままなので、以下のような修正を加える
と、さらによい英文となる。

冒頭の solve を resolve に	10 を ten に
we propose to exhibit を I propose that we exhibit に	lectures を seminars に
	the booths を our booth に
fair を単数に	Free rental を Free use に
interviews を interviewees に	simple を削除
In addition to the booths と and を削除し、since と also を挿入	staff を staff members に

In order to resolve the recent shortage of young workers in our company, I propose that we exhibit at the following recruitment fair.

Name: MyCali Young Career Change Fair

Last year, an average of about 60 people had interviewed at one booth over two days at this fair, and we expect the same number of interviewees this year. Since there will be also about ten 30-minute seminars over the two days, it will be possible to attract the audience to our booth.

Date: Friday, October 19, 13:30-19:00; Saturday, October 20, 10:30-17:00
Venue: Prefectural Convention Center
Booth area: 9 square meters (3m frontage x 3m depth)
Exhibition fee: ¥800,000 (for 2 days)
　　　Free use of 2 tables and 6 chairs
Deadline: March 31 (applications close when full)

On the day of the exhibition, General Affairs Department staff members will take turns being in charge, and both male and female employees should be present at all times.

3.2 業務手順書

(1) わかりにくい日本語

出張申請・報告提出手順書

社外に出張する際は、次の手順に従ってください。

まず、社員番号とパスワードで出張システムにログインしてください。次に、出張の目的を含めて出張申請書を書いてください。出張申請には、行き先と経路を必ず入力してください。宿泊は自分で予約してください。行き先はすべて書いてください。急な場合を除いて、出張に行く3日前までに申請書を出してください。すべての入力が終わったら印刷して上長に提出してください。

出張から戻ったら、できるだけ早く出張報告を出してください。報告書には成果を書き込んでください。費用の立て替えが発生した場合は、レシートまたは領収書を添付してください。お土産は不要です。

出張にはできる限り少人数で行くようにしてください。2人以上で行く場合は社員番号と名前を入力してください。

(2) わかりにくい日本語の英訳

Procedures for Submitting Travel Requests and Reports

When traveling outside of the company, please follow these steps

First, log into the business travel system with your employee number and password. Next, fill out a travel request form, including the purpose of the trip. Be sure to enter the destination and route in your travel request. Make your own reservations for lodging. Please write down all destinations. Submit your application at least three days before you go on your business trip, except in urgent cases. When you have completed all the information, please print it out and submit it to your supervisor.

Submit your travel report as soon as possible after you return from your trip. Please write down the results in the report. If you incurred expenses, please attach receipts or receipts. Souvenirs are not required.

Please try to travel with as few people as possible; if you are traveling with more than one person, please enter the employee number and name.

（DeepL 無料版 2024 年 8 月 16 日）

（3）問題点

- 箇条書きになっていないために、手順であることが一目見ただけではわかりにくい。
- **Please**で始まる文と、動詞で始まる文が混在し、統一感がない。

（4）PJ で書き直した日本語

出張手順書

・出張に行く前

出張の際は、3日前までに出張申請書を出してください。

1. 社員番号とパスワードで出張システムにログインします。
2. ［出張申請］をクリックします。
3. 出張申請書の画面が表示されるので、名前を確認してから「目的」「日時」「出張先」「経路」「宿泊の有無」等を入力します。
＊ 交通手段と宿泊の予約は自分で行ってください。
＊ 出張先が複数ある場合、すべて書いてください。
＊ 同行者がいる場合は、その方の社員番号と氏名を入力してください。
4. 入力が完了したら［印刷］をクリックします。

5. 印刷が終わったらログアウトし、出張申請書を上長に提出してください。

＊ レシートや領収書は必ず取っておいてください。

＊ 新潟工場や名古屋支社に行く場合も出張申請は必要です。

・出張から帰ってきたら

出張から戻ったら、1週間以内に出張報告を出してください。

1. 社員番号とパスワードで出張システムにログインします。

2. ［出張報告］をクリックします。

3. 出張報告書の画面が表示されるので、名前、日時、行き先等を確認してから「報告内容」と「実費」等を入力します。

4. 入力が完了したら［印刷］をクリックします。

5. 印刷が終わったらログアウトし、出張報告書を上長に提出してください。

＊ レシートや領収書はホッチキス等で留めて一緒に提出してください。

(5) PJ の英訳

- Before going on a business trip

Please submit a business trip application at least 3 days prior to the business trip.

1 Log in to the business trip system with your employee number and password.

2. Click [Business Trip Application].

3. Confirm your name and enter "Purpose," "Date and Time," "Destination," "Route," "Lodging," etc.

*Please make your own reservations for transportation and lodging.

*If you have more than one business trip destination, please write them all down.

*If you have a companion, please enter his/her employee number and name.

4. When you have completed the form, click Print.

5. After printing, log out of the system and submit the business trip application to your supervisor.

Please be sure to keep your receipt or receipts.

*Travel applications are required even if you are going to the Niigata Plant or Nagoya Branch Office.

- When you return from a business trip

When you return from a business trip, please submit a business trip report within one week.

1. Log in to the business trip system with your employee number and password.

2. Click [Business Trip Report].

3. Confirm the name, date, time, destination, etc., and enter the "Report Details" and "Actual Expenses," etc.

4. When you have completed the entry, click "Print".

5. After printing, log out of the system and submit the business trip report to your supervisor.

*Please submit receipts and receipts together with the report by stapling them together.

(DeepL無料版2024年8月16日)

(6) 改善点

箇条書きになっているため、一目で手順がわかる。

・必須の手順はpleaseがなく、注意書きがpleaseで始まっていて見分けがつけやすい。

　前の英文は機械翻訳の出力のままなので、以下のような修正を加えると、さらによい英文となる。

going on a business trip を Going on a Business Trip に
"Purpose," "Date and Time," "Destination," "Route," "Lodging," etc. を fields such as Purpose, Date and Time, Destination, Route, and Lodging. に
Print、"Print" を [Print] に
receipt or receipts を receipts に
When you return from a business trip を When Returning from a Business Trip に
When you return from a business trip, please submit a business trip report within one week. を Please submit a business trip report within one week of returning from a business trip. に
the "Report Details" and "Actual Expenses," etc. を fields such as Report Details and Actual Expenses に
receipts を your receipts に

- Before Going on a Business Trip

Please submit a business trip application at least 3 days prior to the business trip.

1. Log in to the business trip system with your employee number and password.

2. Click [Business Trip Application].

3. Confirm your name and enter fields such as Purpose, Date and Time, Destination, Route, and Lodging.

*Please make your own reservations for transportation and lodging.

*If you have more than one business trip destination, please write them all down.

*If you have a companion, please enter his/her employee number and name.

4. When you have completed the form, click [Print].

5. After printing, log out of the system and submit the business trip application to your supervisor.

Please be sure to keep your receipts.

*Travel applications are required even if you are going to the Niigata Plant or Nagoya Branch Office.

- When Returning from a Business Trip

Please submit a business trip report within one week of returning from a business trip.

1. Log in to the business trip system with your employee number and password.

2. Click [Business Trip Report].

3. Confirm the name, date, time, destination, etc., and enter fields such as Report Details and Actual Expenses.

4. When you have completed the entry, click [Print].

5. After printing, log out of the system and submit the business trip report to your supervisor.

*Please submit your receipts together with the report by stapling them together.

3.3 ニュースリリース

(1) わかりにくい日本語

最新のAI搭載の倉庫運用システムの営業開始について

食品業界において、原料価格高騰、労働力不足、若者の間での米菓の不人気など、課題が深刻化する中で、弊社は、倉庫現場における連携が作業の実態の変化に追いついていないことに着目し、武蔵運輸とソフトウェアのMMSと提携し、倉庫運用システムを開発しました。

まず、弊社は、自社倉庫での人と機械の稼働状況データの収集を元に武蔵運輸と基礎的研究を進めるとともに、そのデータをもとにMMSと最新のAIを用いて商品の流れをリアルタイムで最適化する情報システムの開発に経営資源を投入してきました。

その結果、この度、AI搭載の倉庫作業最適運用システムの開発に成功し、これを社内で運用するだけでなく、業界全体への汎用システムとして、次年初よりMMSとの共同販売を全国展開していきます。

今回のシステム開発の成功と営業展開の開始により、食品物流業界全体がさらに発展することを目指しています。

(2) わかりにくい日本語の英訳

Launching Sales of the Latest AI-Equipped Warehouse Operation System

With the food industry facing increasingly serious challenges such as rising raw material prices, labor shortages, and the unpopularity of rice crackers among young people, we have developed a warehouse operation system in partnership with Musashi Unyu and software company MMS, focusing on the fact that collaboration at warehouse sites has not kept pace with changes in the actual work situation.

First, we have been conducting basic research with Musashi Unyu based on the collection of data on the operational status of people and machines in our own warehouses, and based on this data we have been investing management resources in the development of an information system that optimizes the flow of goods in real time using MMS and the latest AI.

As a result, we have now succeeded in developing an AI-equipped warehouse operation optimization system, which will not only be operated internally, but also as a general-purpose system for the entire industry, and will be marketed jointly with MMS nationwide from the beginning of the next year.

With the successful development of this system and the start of sales, we aim to further develop the food logistics industry as a whole.

（DeepL無料版2024年8月18日）

(3) 問題点

　一つの段落が一文だけで構成されているため一文が長くなり読みにくい。

- 1段落目と2段落目は61語、3段落目は47語から成っている。

- 「武蔵運輸」が英語名になっていない。

- basic researchとなっているが、この時点ではまだデータ収集の段階なので、不適切。

- 「MMSと」は「開発」にかかるはずだが、「MMSを用いて」の意味になっている。

- 文が長いためwill be marketedの主語がoptimization systemとして訳されている。

倉庫運用システムの開発と販売開始について

当社は、物流の武蔵運輸様とソフトウェア開発のMMS株式会社様と提携して、AIを利用した食品向け倉庫作業最適運用システムFoSAS（Food Supply Administration System）の開発に成功しました。次年初より、同システムの販売をMMS株式会社様と共同で開始する予定です。

食品業界の物流には多くの課題がありますが、その中で注目したのは、在庫管理と荷役作業の連携です。これまで在庫管理と生産管理は連携が取れていましたが、荷役作業はそこに繋がっていませんでした。本システムでは、生産から在庫、そして荷役作業までを一貫して管理できます。

まず、武蔵運輸様と弊社が共同で荷役作業における人と機械の稼働状況データを分析しました。次に、そのデータを、これまでの在庫管理システムと連携させる方法を検討しました。その後、数カ月の試験運用と微調整を経て、社内システムを構築しました。最後に、他社様でも利用できるようにシステムを汎用的にパッケージ化し、本システムFoSASの完成に至りました。

FoSASを利用することで、在庫管理と荷役作業が効率化でき、倉庫での人手不足が解消されるだけでなく、トラックドライバーの待ち時間も短縮できます。また、アナログ的な作業をデジタル化することで、出荷ミスも削減できます。

今後は本システムの継続的な機能向上に向けて、倉庫現場の作業実態の変化やAI技術の進化などを取り込み、倉庫業務の効率化をさらに促進していきます。

Development and Sales Launch of Warehouse Operation System

In partnership with Musashi Unyu, a logistics company, and MMS Corporation, a software developer, we have successfully developed FoSAS (Food Supply Administration System), an AI-based warehouse operation optimization system for food products. We plan to launch sales of this system in the beginning of the next year in collaboration with MMS Co.

There are many challenges in logistics in the food industry, and one that we have focused on is the linkage between inventory management and cargo handling operations. Until now, inventory management and production management have been linked, but cargo handling operations were not. With this system, production, inventory, and cargo handling operations can be managed consistently.

First, Musashi Unyu and our company jointly analyzed data on the operation status of people and machines in cargo handling operations. Next, we examined ways to link this data with the existing inventory management system. Then, after several months of trial operation and fine-tuning, we built the in-house system. Finally, we packaged the system in a general-purpose format so that other companies could also use it, and this system, FoSAS, was completed.

With FoSAS, inventory management and cargo handling operations can be streamlined, not only reducing manpower requirements in warehouses, but also reducing waiting time for truck drivers. In addition, shipping errors can be reduced by digitizing analog operations.

In the future, we will continue to improve the functionality of this system, incorporating changes in the actual work conditions at warehouse sites and the evolution of AI technology to further promote the efficiency of warehouse operations.

（DeepL無料版2024年8月16日）

(6) 改善点

段落ごとの内容が整理されている。開発に関わった企業、解決した問題点、開発の経緯、システムの利点、今後の方向性という順序でわかりやすい。

- 武蔵運輸が物流企業であり、**MMS**がソフトウェア会社であり、**FoSAS**がシステム名であることがわかる。
- **First, Next, Then, Finally**と時系列で経緯が書かれている。

(7) 英語の修正

前の英文は機械翻訳の出力のままなので、以下のような修正を加えると、さらによい英文となる。

タイトルの Sales Launch を Release に
Musashi Unyu, a logistics company, and MMS Corporation, a software developer を the logistics company Musashi Unyu, and the software development company MMS Corporation に
in the beginning of the next year を at the beginning of next year に
challenges in logistics を logistical challenges に
operation を operational に
could also use it, and this system, FoSAS を could use it as well. Thus FoSAS に

Development and **Release** of Warehouse Operation System

In partnership with the logistics company Musashi Unyu, and the software development company MMS Corporation, we have successfully developed FoSAS (Food Supply Administration System), an AI-based warehouse operation optimization system for food products. We plan to launch sales of this system at the beginning of next year in collaboration with MMS Co.

There are many logistical challenges in the food industry, and one that we have focused on is the linkage between inventory management and cargo handling operations. Until now, inventory management and production management have been linked, but cargo handling operations were not. With this system, production, inventory, and cargo handling operations can be managed consistently.

First, Musashi Unyu and our company jointly analyzed data on the operational status of people and machines in cargo handling operations. Next, we examined ways to link this data with the existing inventory management system. Then, after several months of trial operation and fine-tuning, we built the in-house system. Finally, we packaged the system in a general-purpose format so that other companies could use it as well. Thus FoSAS was completed.

With FoSAS, inventory management and cargo handling operations can be streamlined, not only reducing manpower requirements in warehouses, but also reducing waiting time for truck drivers. In addition, shipping errors can be reduced by digitizing analog operations.

In the future, we will continue to improve the functionality of this system, incorporating changes in the actual work conditions at warehouse sites and the evolution of AI technology to further promote the efficiency of warehouse operations.

参考文献：瀧田寧＆西島佑編著『機械翻訳と未来社会』社会評論社 (2019)、隅田英一郎『AI翻訳革命─あなたの仕事に英語学習はもういらない』朝日新聞出版 (2022)

「話すとき」こそ
プレインジャパニーズ

✎ Kazuya Matsumoto（元NHKアナウンサー）

私は20年あまりNHKアナウンサーとして勤務したあと、2016年から主に企業向けにプレゼンテーションや社長の記者会見でのスピーチのしかたを教える仕事をしています。プレインジャパニーズは、特にビジネスの現場で「読み手が理解しやすいように書く」ときに大切だとされていますが、私は「話す」ときにこそ不可欠だと確信しています。

● ▲ ■

「自分の話し方に悩んでいる」という方は多いと思います。書店に行けばそれがよくわかります。様々なタイトルの「話し方」の本がとどまることなく次々と出版されていますよね。「話し方ってそんなに種類があるものなの？」と感じるくらいですが、何が書かれているのかしっかり見ると、その理由がわかりました。本によって「話し方を向上させる目的」が違うのです。

昔からあるのは「声が良くなる」ことを目的としたものです。確かに自分が話している姿を録画などで見直したとき、一番気になるのは「え？自分はこんなボソボソ喋っているのか」など自分のイメージとのギャッ

プであることが多いと思います。そこで、声を良くしたいと思うのでしょう。

ほかにも「コミュニケーションがうまくいく」「リーダーらしく振る舞える」「頭がよく見える」話し方や、「人生がうまくいく」話し方をうたった本もあります。

● ▲ ■

それぞれそうなったらいいだろうなぁと思うことばかりですが、私にはちょっと気になることもあります。それは、「自分をよく見せたい」というのはわかるのですが、「聞いている人がわかりやすい」ように話そうという視点が欠けているように見えるのです。特に「ビジネスの現場で話す」場合、「限られた時間に適切な表現で情報を相手にしっかりと伝達する」ことは自分をよく見せることよりも大切なのではないでしょうか。そんな話し方を実行するのに有効なのが、プレインジャパニーズの目指している考え方なのです。それがよくわかる実例をご紹介しましょう。

新型コロナウイルスが猛威をふるっていた頃、総理大臣の記者会見

が頻繁に行われていたことを覚えている方も多いと思います。ここに2021年8月17日に行われた「新型コロナウイルス感染症に関する菅内閣総理大臣記者会見」の一部を例としてあげます。

● ▲ ■

　先ほど新型コロナ対策本部を開催し、茨城県、栃木県、群馬県、静岡県、京都府、兵庫県、福岡県に緊急事態宣言を発出するとともに、宮城県、富山県、山梨県、岐阜県、三重県、岡山県、広島県、香川県、愛媛県、鹿児島県にまん延防止等重点措置を適用し、期間は、それぞれ8月20日から9月12日までとすることを決定いたしました。

● ▲ ■

　読んでみてどう感じましたか？　文が長い印象はあったかもしれませんが、「楽に読めない」という文ではなかったと思います。しかし、この原稿、当時の菅総理が声に出して話したのを聞くと、聞いていて非常にストレスを感じるものだったのです。音声表現が問題だったのではありません。文章そのものが聞いていてわかりにくいものだったのです。

● ▲ ■

　「先ほど新型コロナ対策本部を開催し、」まではよいのです。問題はそのあと。「茨城県、栃木県、群馬県……」という文言が耳から聞こえてきたとき聞き手はこう思ったはずで

す。「え？　急に県名を並べ立てているけど、一体なにが始まったんだ？」と。しばらく聞いていると、「〜県に緊急事態宣言を発出するとともに、」という言葉が聞こえて、「あぁ、緊急事態宣言が出たんだ」とようやく理解できる。すると、また「宮城県、富山県、山梨県、岐阜県、…」と県名の羅列。「今度はなにが始まったんだ？」と思っても、さっきよりも県名の羅列は長くなっている。イライラしてきたところでようやく「〜県にまん延防止等重点措置を…」と聞こえてくる。

　いかがでしょうか。これが話し言葉、音声表現のこわいところです。「何を話しているかわからない状態が長く続く」と、聞き手は不安やストレスを感じるものなのです。

　では同じ文章を「自分で読んでいる」ときは、なぜそうならなかったのか。それは、書いてある言葉は読み手の都合によって、不要だと思う部分をとばしたり、先の部分を読みにいったりできるからです。県名がずっと続いているのが見えたら、一つ一つを読まず何のことを言っているのかその先を読みにいけます。こうすることで、イライラをため込む時間が少なくて済むのです。

　しかし「聞いているとき」はそうはいきません。聞き手が話すのを、ただ受け身で聞いているしかないのです。

● ▲ ■

今度は、同じ文章を、プレインジャパニーズの要件である「結論を先に」「文を短く」「主語と述語を近い位置に置く」ことを意識して書き換えると次のようになります。

● ▲ ■

先ほど新型コロナ対策本部を開催しました。その結果、7つの府と県に緊急事態宣言、10の県にまん延防止等重点措置を適用することを決めました。

緊急事態宣言を新たに出したのは、以下の7府県です。茨城県、栃木県、群馬県、静岡県、京都府、兵庫県、福岡県。まん延防止等重点措置を出したのは、10の県。宮城県、富山県、山梨県、岐阜県、三重県、岡山県、広島県、香川県、愛媛県、鹿児島県です。

● ▲ ■

いかがでしょうか。耳で聞いてわかりやすくなっていますよね。実は、プレインジャパニーズの要件は、テレビやラジオのニュースの文章や、アナウンサーの中継リポートなどで代々培われてきた表現法と同じです。プレインランゲージの例文を見たいと思ったら、放送の中で使われている文章を参考になさることをオススメします。

Profile

松本和也
（まつもと・かずや）

パブリックスピーキング・コンサルタント
株式会社マツモトメソッド代表取締役
元NHKアナウンサー

兵庫県神戸市生まれ。私立灘高校、京都大学経済学部を卒業後、1991年、NHKにアナウンサーとして入局。

奈良・福井の各放送局を経て、1999年、東京アナウンス室に。

主な担当番組は、
「ひるどき日本列島」司会（2001〜2002）
「英語でしゃべらナイト」司会（2001〜2007）
「NHK紅白歌合戦」総合司会(2007，2008)
「NHKのど自慢」司会（2010〜2011）
「ダーウィンが来た！生きもの新伝説」ナレーション（2006〜2012）
「NHKスペシャル」（多数）ナレーション、「シドニーパラリンピック開・閉会式」実況など。2016年6月退職。同年7月から「株式会社マツモトメソッド」代表取締役。

ビジネスで必要な「理解しやすく」「説得力のある」伝え方を徹底的に磨く指導が特徴。話し方はもちろん、原稿・スライドの構成までトータルでサポート。金融・製造・保険・IT・SaaS等、経済界のリーダー層を中心に、医療関係者、士業、政治家の方などにパブリックスピーキング、メディアトレーニングなどのマンツーマン指導を行っている。また一般向けに講演・研修・ワークショップなども実施。オンライン学習プラットフォーム「Udemy」で公開している「聞き手が腹オチするパブリックスピーキング実践講座」は人気を博し、ベストセラーとなっている。

■著書
『心に届く話し方 65のルール』 ダイヤモンド社　2017年
『元NHKアナウンサーが教える　話し方は3割』 中央経済社　2021年

■URL
株式会社マツモトメソッド
https://matsumotomethod.com

第6章

プレインランゲージの歴史と世界の動向

プレインランゲージの歴史と世界の動向

　1979年から90年の11年間、英国ではマーガレット・サッチャーが首相を務めた。彼女は「小さい政府」を実現するという公約を掲げ、公共事業の削減と民営化、規制緩和、そして福祉事業や社会保障の削減を図った。サッチャーが掲げた政策は所属していた保守党にとっても過激なものであった。そこで、彼女は国民に直接語り掛けて支持を高めるという手法を取った。

英国サッチャー首相の演説を読む

　サッチャーの業績を記念して、英国にマーガレット・サッチャー財団が設立された。財団にはサッチャー首相の演説の原稿が数多く保存されている。

マーガレット・サッチャー
（財団サイトより）

　首相在任中、北アイルランドの独立を唱えるアイルランド共和国軍（IRA）がテロ行為を繰り返した。そして、1984年10月、保守党の年次総会会場となった英国ブライトンのホテルでIRAの爆弾が爆発した。危うく難を逃れたサッチャー首相が翌日に行った演説には、国民に直接語り掛けて支持を高めるという彼女の姿勢がよく表れている。

　演説の最後を読もう。

The nation faces what is probably the most testing crisis of our time, the battle between the extremists and the rest. We are fighting, as we have always fought, for the weak as well as for the strong. We are fighting for great and good causes. We are fighting to defend them against the power and might of those who rise up to challenge them. This Government will not weaken. This nation will meet that challenge. Democracy will prevail.

和訳は次のとおりである。

国家は、おそらくこの時代で最も厳しい危機、過激派とその他の者との戦いに直面しています。私たちはこれまでも常に戦ってきたように、強者だけでなく弱者のために戦っています。私たちは偉大で正しい大義のために戦っています。私たちは、大義に挑戦する者たちの力と威力から大義を守るために戦っています。この政府は弱体化しません。この国家はその挑戦に立ち向かいます。民主主義が勝利するでしょう。

英語文は7文79語で構成されている。1文ずつが短いのが特徴だが、特に最後の3文は短い。This Government will not weaken（この政府は弱体化しません）、This nation will meet that challenge（この国家はその挑戦に立ち向かいます）、Democracy will prevail（民主主義が勝利するでしょう）と、鋭く明確で短いメッセージを、保守党大会の参加者を超えて、国民に直接訴えている。

国民の理解を形成するために明瞭な言葉遣いをするように努めたサッチャーのコミュニケーション技法は、プレインランゲージの起源の一つと見なされている。

移民の国米国でのプレインランゲージの利用

米国は移民の国であり、英語を母国語としていない移民もいる。2019年の米国国勢調査によると、6780万人、つまり5人に一人が家

庭では英語を使っていないそうだ。

　移民を含めて米国国民全員が理解できるように情報を送るというのは、政治と行政に共通する課題であった。

　1990年代には、企業からの開示資料（投資家情報）にプレインランゲージを利用するように米国証券取引委員会が求めた。1998年にはクリントン大統領が覚書「Plain Language in Government Writing」を発出した。覚書は2010年にオバマ政権下で制定された「The Plain Writing Act of 2010」へと結びついていく。

　The Plain Writing Actの目的は次のとおりである。

> The purpose of this Act is to improve the effectiveness and accountability of Federal agencies to the public by promoting clear Government communication that the public can understand and use.
>
> この法律の目的は、国民に対する連邦政府機関の有効性と説明責任を改善するために、国民が理解でき利用できるように、明確な形での政府からのコミュニケーションを奨励することである。

　法の目的にある「clear Government communication（明確な形での政府からのコミュニケーション）」を実現するために、プレインランゲージの大原則に沿って、政府からのコミュニケーションが実施されるようになった。

米国政府機関が利用するガイドラインが公表された

　The Plain Writing Act of 2010の主管庁であるOffice of Management and Budget（OMB、行政管理予算局）は、2011年にガイドラインを発行した。

　ガイドラインに沿って各連邦政府機関は文書を作成するようになった。また、連邦政府各機関が同法とガイドラインに基づく文書発出の状況を自己点検し、毎年OMBに対して報告するようにも義務付けられている。

　それでは、ガイドラインについて主要点を紹介しよう。ガイドラインには、目的として次の3点が掲げられている。

> 連邦政府機関の文書を改善して、文書を利用する国民は次の三点が可能になる。
> ・必要なものを見つけられる
> ・見つけたものが理解できる
> ・見つけたものを自分のニーズに合わせて利用できる

　目的を達成するために、まずは読者について考える必要がある。読者を特定し、その読者向けに書き、読者層が異なるときには読者ごとに個別に対処する。第二に文書の骨格を検討する。読者のニーズに合わせて文書を構成するように、章や節には役に立つ見出しを付けるように考える。一つひとつの章や節は短いほうがよい。

　こうして、文書の骨格ができたら、実際に文書を書き進めていく。使用する動詞にも注意を払う。動詞は「describe」より「tell」が、「satisfy」よりも「meet」が好ましい。能動態と受動態では、能動

態を使用するのがよい。要件を示すためには「must」を使用すると
わかりやすい。

　文書の書き方について詳細を提示している点は、このガイドライン
の特長である。

　ガイドラインはウェブサイトについても、作成方針を示している。
中でも、閲覧者がどのようにウェブサイトを利用したかの記録（ログ）
の利用を求めている点は、興味深い。ログを解析すれば、閲覧者がウェ
ブサイトで何を探しているかが把握できる。たとえば、最もアクセス
数の多いページはどれか。閲覧者が最も時間を費やすページはどこか。
閲覧者が最もよく使用する検索フレーズは何か。

　解析結果があれば、ウェブサイトを閲覧者にとっていっそう便利に
なるように改善できる。電子的情報提供には紙の文書にはない、いつ
でも改善できるという利点がある。ログ解析をもとに、改善を実施し
ようというわけだ。

多様な言語を用いる多数の国々からなる欧州連合

　欧州連合は、2023年時点では27か国で構成され、24の公用語が
ある。欧州連合はすべての文書を24言語に翻訳して公表する。しか
し、翻訳は容易ではない。特に複雑な構文を使った文章の翻訳は難し
い。そこで、欧州委員会はClear writing for Europeというキャンペー
ンを2010年に開始した。キャンペーンを契機として、欧州連合もプ
レインランゲージを採用したのである。

　C. Rauhというドイツ人研究者が、1985年から2020年までの欧
州連合の報道発表を集めて、分析した結果が公表されている。

閲覧者が書籍をすぐに検索できるように、Google Booksでは用語集を整備している。報道発表の中の用語がGoogle Books用語集に掲載されていた割合は、右ページの図に示すように年と共に増加している。広くさまざまな書籍で使用されている用語を欧州委員会は多く使うようになったわけだ。

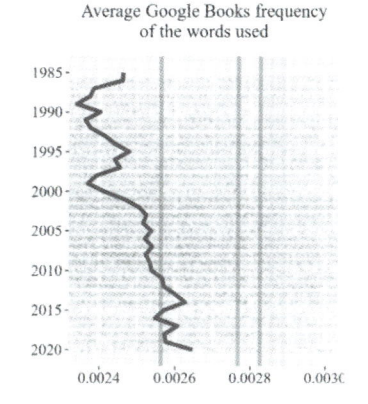

文章中の動詞の比率を（動詞の数）÷（動詞と名詞の数の和）で評価したところ、動詞の割合が徐々に増加していく傾向が見いだされた。これは、一つひとつの文が短くなっていったためと解釈できる。

普通に使われている用語が増え、短い文章が多くなった等の分析結果に基づいて、Rauhは欧州市民に広くリーチするように報道発表が改善されていったと評価した。Rauhの分析結果が示す傾向は、プレインランゲージ採用の効果と推測できる。

ISOで標準化された

欧米の政治や行政では明瞭で理解しやすい文書を作成しようという機運が盛り上がっていった。その集大成として、2023年には、国際標準化機構ISOからプレインランゲージの国際標準が出版された。ISO 24495-1:2023 "Plain language Part 1: Governing principles and guidelines" がそれである。Governing principles（主導原則）と、主導原則を満たすためのguidelines（推奨事項）が記載されている。

ISOでプレインランゲージについて標準化するのには、大きく分け

て二つの意義がある。第一は、各国間で基準が統一されること。複数の国の証券取引所に上場している企業が、国ごとに異なる基準で投資家情報を作成しなければならないとしたら、その面倒は計り知れない。基準が統一されれば、投資家情報は一つだけ作れば済むので、企業の負担は圧倒的に軽減される。

第二は、プレインランゲージを政治や行政に組み入れようとしている国々が、国際標準をもとに国内基準を作れるようになるという意義。手掛かりがない状況でゼロから作るのに比べて、作業負担は著しく軽減される。他国との共通性も高くなる。

国際標準が作成段階にあった2020年にISOはニュース記事を配信した。ニュース記事は国際標準の目的を次のように説明した。

> 私たちが社会で機能するための大きな力は、下手なやり方で書かれた文章や官僚的な専門用語によって危険にさらされる。受け手と送り手の間に障壁を築く可能性がある。国際標準はこの障壁を打ち破ることを目的としている。

続けて、国際標準の作成責任者クリストファー・バルムフォードに、次のように語らせている。

> 誰もが生活のあらゆる側面において自分の権利と責任について知らされる権利を持っています。コミュニケーションが不十分だとこれが大幅に妨げられる可能性があります。

なお、国際標準は書き言葉、すなわち文書記述に関するガイドラインを提供する際、受け手の代わりに「読者」、送り手の代わりに「著者」という用語を用いている。そこで以下の説明でも読者と著者を用いる。

読者を特定し、読者の目的を特定する

　国際標準が掲げる第一の原則は、読者は必要な情報を入手できる、である。

　「読者は、自らのニーズを満たすため、目的をもって、ある文脈の中で、文書を手にする」と国際標準は言う。文脈（context）という用語は日本人にはなじみが薄いかもしれないが、英語圏では多用され、物事の背景や道筋を意味する。つまり、自らのニーズを満たすために、ある物事を進めていく過程で、その物事に資するという目的をもって、文書を手にするというわけだ。

　著者はそんな読者に応える文書を提供する必要がある。著者が行うべき最初の一歩が、読者の特定である。読者は誰か、どんな読み書き能力や言語スキルを持っているか、文書の主題についてどの程度の知識を持っているか、特別に配慮すべき文化的背景はないかなど、読者の特性を考慮する必要がある。

　厚生労働省が感染症対策を国民に向けて説明する文書を作成するとしよう。読者は明らかに国民一般である。義務教育を終えた国民ならきちんと理解できる文書にすれば、説明文書は広く国民に訴求する。

　国民は感染症について深い知識を持っているわけではないから、「COVID-19」よりも「コロナ」と表現するのがよい。日本人はリスク回避志向が強いから、感染者や家族に対して心ない行為が起きる恐れがある。説明文書には、心ない行為への注意も書くのがよい。こうして、どんな説明文書を作成するかの基本方針が定まっていく。

　ここで、ちょっと注意したい点がある。

第1章でも説明したが、プレインランゲージを「誰にでもわかりやすい簡単な表現」と勘違いしないでほしい。研究成果について論文を書く際には、研究者は専門用語も使って、同じ研究領域の研究者に理解されるように書けばよい。その場合の読者は研究者であって、研究者として仕事をするのに求められる読み書き能力や言語スキルを持っており、文書の主題である専門分野について一定程度の知識を持っているからだ。

　研究成果を報道発表しようとするのであれば、研究論文風にするのではなく、報道関係者に理解されるように解説を加えるのも一案だ。さらに、研究成果をもとに新製品・新サービスを市中に投じるときには、義務教育を終えた国民ならきちんと理解できるように製品やサービスの説明には工夫しなければならない。

　読者を特定するという点では共通するが、必ずしも簡単な表現を推奨しているわけではないことは理解いただけただろうか。

　第二の原則は、読者は必要な情報を簡単に見つけられる、である。読者は文書が何について書かれているか、すぐに判断できる必要がある。また、その文書が読者の目的を果たしているかについても、すぐに判断できなければならない。

　読者の見つけやすさに配慮するためには、文書のタイトルから工夫が必要になる。投資家情報で「役員の交代」と見出しを付けるか、「山口氏の社長退任と田中氏の就任」と付けるかで、読者である投資家への訴求度が変わる可能性がある。

　新製品情報も同じで、より精密な金属加工機が欲しい、請求書の発行を一括管理できる業務用ソフトウェアが欲しい、楽しくて時間つぶ

しもできるアプリが欲しい、といった読者の希望に沿ったタイトルが付けられていれば、読者は文書に何が書かれているかすぐに判断でき、文書を手にしようと動くだろう。

　見出しも重要である。説明の区切りごとに見出しが付いていれば、読者は文書を開いた瞬間に、それぞれの区切りで何が説明されているか予測できるようになる。的確に予測できれば、文書が読者の目的を果たしているかをすぐに判断できる。

　感染症対策の説明文書の場合、「ワクチン接種」「人込みでの注意」や「正しい手洗い」といった見出しが考えられる。「わかりきっているよ」と思う人は、説明文書は読む必要がないとすぐに判断できる。

読者が情報を理解でき、使いやすいこと

　第三の原則は、読者は見つけた情報を簡単に理解できる、である。文書に使われる用語や文章構造といった文書を構成する個々の要素は、読者にとって理解しやすいものでなければならない。加えて、読者が文書を「まとまった全体」として理解できるように、個々の要素は相互に連携して機能する必要がある。

　具体的には、読者がよく知っている用語を多く使う必要がある。「COVID-19」ではなく、「コロナ」という表現が国民向けには必要であると書いたのは、第三の原則に対応するためである。カタカナ語をむやみに並べる演説も、第三の原則に反している恐れがある。

　「一文一意」も重要である。すなわち、一つの文章は一つの事柄にしか言及しないようにする。「駅前にある中央公園では桜の花がほころび、花見客が増えてきた」という文章は、3つの事柄を伝えようと

している。「駅前に広い中央公園がある」「中央公園の桜が咲き始めた」「咲き始めた桜を見る花見客が増えてきた」の3つである。これくらいなら誰にでも通じるだろうが、句点まで150文字もあって、3つの事柄が説明してあったりしたら、読者は混乱するかもしれない。

英文法の関係副詞の授業で、「文中のwhereが何を指しているか説明しなさい」「文中のthatが何を指しているか説明しなさい」といった問題に答えた経験があるだろう。そんな文章は、whereやthatが何を指しているかわからないと理解が進まない。試験問題に関係代名詞や関係副詞の問題が出るのは、関係詞が何を指しているか間違える生徒がいるからだ。同じ理由で無駄な修飾語も避けるのがよい。一段落には一つの内容を書くようにするのも、理解を促進するためである。

二重否定も避けたほうがよい。交渉条件が煮詰まってきた際には、「提示された条件なら、譲歩しないこともない」というよりも、「提示された条件なら譲歩できる」と書こう。

二重否定の回避は、特に翻訳を伴う場合に重要である。複雑な構文は翻訳ミスの原因となり、海外との交渉であれば翻訳ミスが原因で決裂する場合もあるからだ。ちなみに、「譲歩しないこともない」をGoogle翻訳にかけると、2024年3月時点では、「I wouldn't compromise.」となった。I wouldn't compromiseでは「私は妥協しません」という逆の意味になる。

最後にあたる第四の原則は、読者は提供された情報を使いやすい、である。第四の原則は、今までの三つの原則と異なり、読者がきちんと情報を使っているかについて、著者が評価し、改善するように促すものである。

厚生労働省が感染症対策について国民向けの説明文書を公表したとしよう。説明文書を国民は正しく理解し、国民の感染予防に役立っているか。きちんと自己評価し、問題があれば改善するように厚生労働省が自ら取り組むのが、第四の原則の具体例である。

ウェブサイトの場合には閲覧数は簡単にわかる。期待に反して閲覧数が伸びていないとなったら、原因は、今まで説明した第一から第三の原則に沿って文書が構成されていないためかもしれない。そんなときは、第四の原則に沿って見直すのがよい。問題点が把握できれば、文書やウェブサイトは改善され、感染症対策は前に進むというわけだ。

国際標準化は続く

ISOではISO 24495-1に続く標準化を進めている。24495-1の「-1」はパート1という意味であるが、パート2としてLegal communication（法律分野のコミュニケーション）、パート3としてScience writing（科学技術に関する文書の作成）が仕掛かり中である。

ネットショッピングなどのネットサービスを利用する際には、最初に利用規約が提示される。しかし、利用規約の中身を読む消費者は少ない。単に「同意する」ボタンをクリックするだけだ。それは、消費者の理解を促進するようには利用規約が書かれていないからだ。

裁判官、検事、弁護士が専門的な法律用語を多用しすぎたら、裁判員裁判に臨む裁判員は裁判の内容を理解できなくなる。利用規約についても、裁判員裁判についても、消費者や裁判員が理解できる表現が求められる。そこでパート2を作成しようとなったわけだ。

AIの発展など、科学技術は急速に進歩している。科学技術の価値

や課題について理解が進まないと、科学技術への恐怖心が湧く恐れがある。自動走行車に子供だけが乗っているのを見ても大丈夫と思う人もいるだろうが、「いざというときを考えると不安」と思う人もいるだろう。自動走行車の機能や能力について正しく理解していない人が増えるのは、自動走行車の普及にはマイナスである。

「AIの発展で人の仕事はなくなる」であるとか、「ワクチンの接種は人に有害である」というように誤解する人が増えないように、科学技術に関する情報を提供するサイエンスライターは、どのような点に注意すればよいのだろうか。サイエンスライターに対してガイドラインを提供するのがパート3の目的である。こうして、国際標準化は続いていく。

日本語もプレインランゲージに

やさしい日本語という在留外国人に限定しての情報伝達技法ではなく、すべての文書をプレインランゲージ化しようという活動が始まっている。

わが国では、2019年にJapan Plain English & Language Consortiumが組織され、2023年に「一般社団法人　日本プレインランゲージ協会（JAPL：Japan Association of Plain Language）」に改組された。JAPLがわが国におけるプレインランゲージ普及活動の中核である。

JAPLは2022年には東京でプレインランゲージに関する初めての国際会議を開催し、また、ISOにおける国際標準化に参画するなど、国際的な窓口としての役割も果たしている。

JAPLサイトに、やさしい日本語の普及に努めてきた庵功雄氏執筆

のコラム「『やさしい日本語』からプレインジャパニーズへ：国際コミュニケーションの新潮流」が掲載されているので、一部を紹介しよう。なお、コラムで庵氏はプレインランゲージ原則に沿った日本語表現を「プレインジャパニーズ」と表現している。

> 「プレインジャパニーズ」はこれからの日本社会において日本人（日本語母語話者）全員に求められる言語能力であると言えます。さらに、「プレインジャパニーズ（わかりやすい日本語）」が日本社会に普及することは、これから日本社会に参加することになる外国人（非日本語母語話者）のような言語的マイノリティにとっても日本語習得の負担を減らす効果があります。このように、「プレインジャパニーズ」はこれからの日本社会にとって不可欠なものとなると考えられるのです。

　JAPLは、プレインランゲージの目的を、読みたくなる文書を作成する、速く読める文書を作成する、正しく理解できる文書を作成する、の3つであるという。そして、3つの目的を実現するための九つの基本原則を提示している。詳細は本書の他の章をご覧いただきたい。

▌追い風が吹く①：投資家情報の開示

　金融庁金融審議会「ディスクロージャーワーキング・グループ」は、投資環境の国際化を受けて、投資家情報の開示の在り方に関する議論を進めている。ワーキング・グループの多数派は、日本文と英文で投資家情報を同時に開示するように求めている。

　東京証券取引所は2025年4月以降、プライム市場の上場企業に対して英文開示を義務化するという。特に速報性が求められる決算短信や適時開示情報などは、日英同時開示の対象となるそうだ。

すでに説明したように、米国証券取引委員会は、1990年代から、企業からの開示資料（投資家情報）にプレインランゲージを利用するように求めてきた。東京証券取引所のプライム市場に上場し、同時に米国ニューヨークなどの証券取引市場にも上場している企業は、開示する英文の投資家情報をプレインランゲージ原則に沿って記述する必要がある。そうでないと、東京証券取引所向けと米国の証券取引所向けに作るという二度手間を強いられるからだ。

日英同時に開示するためには、素早く翻訳しなければならない。しかし、日本人であっても理解しにくい日本語で書かれていては、正しい翻訳はできない。明瞭で理解が容易となるように、つまりプレインジャパニーズに基づいて原案を記述するのが、企業にとって必然的な対応になる。

投資家情報の日英同時開示という要請は、日本語のプレインランゲージ化にとって追い風である。

┃追い風が吹く②：機械翻訳の発展

週刊東洋経済2024年1月20日号に、井上多恵子氏による「AI誤訳を激減させる日本語文章テクニック」という記事があった。井上氏がまず強調したのは、「米国は人種のるつぼであり、文化や教育の背景はまったく異なる場合が多い」という点。共通基盤として持つ情報量が限られるため、「言わなくてもわかる」は通用しない、という点。だから、「つねに言葉による説明が求められるので、簡潔でわかりやすく、『クリスタルクリア』に伝えるのが基本」になる。

井上氏は、クリスタルクリアに（非常にはっきりと）書かないと理解できないのは、英語圏で開発された翻訳ツールも同様であると主張

する。そして、必ず主語を書く、曖昧な指示代名詞・代名詞を使わない、目的語をしっかり書く、期日を明記する、難解な表現は避けるといった手法を説明している。井上氏の説明は、プレインランゲージが求める表現方法と共通している。

「譲歩しないこともない。」をGoogle翻訳にかけると、I wouldn't compromise.と逆の意味になってしまうと先に説明した。これも、クリスタルクリアに書く必要を示す具体例である。

機械翻訳技術は日進月歩である。しかし、論理性に乏しい、曖昧な文章まで完ぺきに翻訳できるわけではない。仮にできたとしても、論理性に乏しい、曖昧な英文になるだけで、英語圏の人には理解できない。

井上氏は曖昧な日本語の実例としてas soon as possibleを挙げた。確かに、どれくらい急ぐべきか相手はわからない。「火曜日一杯」というように表現するべきで、それならby Tuesdayと機械翻訳できる。英訳にかける日本語の原文をプレインランゲージの技法に沿って記述するのは、機械翻訳の間違いを減らす大切なテクニックである。プレインランゲージと機械翻訳は両立するという点で、機械翻訳の発展は日本語のプレインランゲージ化にとって追い風である。

▌追い風が吹く③：多様性と共生が強調される時代

出入国在留管理庁によれば、阪神・淡路大震災後の1998年の在留外国人数は151万2,116人で、コロナ前の2018年には342万3,060人と倍増した。日本政府観光局の訪日外国人統計では、1998年は410万6,057人だったが、2018年には3,119万1,856人と7倍以上に増えた。

在留外国人ならばやさしい日本語が通用するかもしれないが、訪日

外国人の場合には日本語はできないと想定して情報提供する必要がある。プレインランゲージの技法で書いた日本語で情報を提供し、彼らが持っているスマートフォンの機械翻訳アプリを使うように求めるというのは有力な方法である。

　総務省統計局の発表している人口統計では、65歳以上人口は2000年には2,204万人（高齢化率［総人口に占める割合］17.3%）。高齢者人口は2020年には3,618万人、28.8%まで増加している。
　加齢に伴って身体能力、認知能力、判断能力が徐々に低下していくのが一般的な傾向である。複雑な構文の日本語文書を理解するのが難しくなり始めた高齢者に情報を提供する際に、プレインランゲージ原則に沿った日本語は役に立つ。

　障害者も同様。ウェブサイトをスクリーンリーダーと呼ばれる読み上げアプリを使って、内容を把握する視覚障害者は多い。スクリーンリーダーはページの一番上から読み始めるが、HTML形式で見出しが付いていれば、見出しを利用して一部分の読み上げをスキップできるようになる。

　ウェブサイトのアクセシビリティ基準の中に、ブロックスキップという達成基準がある。ブロックスキップによって、視覚に障害のある利用者は、ウェブページの中にある自らが求める情報よりも前に並べられたブロックをスキップして、求めている情報に素早くかつ容易に到達できるようになる。同じウェブサイトを繰り返し訪問する視覚障害者も、毎回同じ内容を繰り返し聞かされる状況を回避できる。プレインランゲージの第二原則は見出しを適切に付与するように求めているが、視覚障害者のためにブロックスキップを利用して見出しを提供すれば、第二原則にも沿い、アクセシビリティ基準も満たされる。

外国人、高齢者、障害者というように多様な人々がプレインランゲージによる情報提供を求めている。一方で、障害者差別解消法や共生社会の実現を推進するための認知症基本法といった法律の整備が進み、政府は共生社会の実現に動いている。共生社会を求める動向は、日本語のプレインランゲージ化にとって追い風である。

　本章では、プレインランゲージが求められてきた経緯や、国際的な潮流についての概要を説明した。

　時代の流れと共に、プレインランゲージによる記述への関心は高まり、同時に普及も進み始めている。プレインランゲージ原則に基づく具体的な記述方法などについては、他の章に詳しく説明してあるので、読み進めていただきたい。

　わが国だけが、プレインランゲージに向かう国際潮流の蚊帳の外にいてよいはずはない。政治や行政は国民に対して明瞭で理解しやすい文書を提供する必要がある。たとえば、新型感染症対策。必要不可欠な対策が国民に伝わらなければ、感染症の蔓延は食い止められない。

　投資家情報の開示も同様である。わが国の企業に投資するのは、日本人だけではない。多くの外国人が日本に投資している。彼らも投資家であり、日本人投資家と同時に同一内容の情報を開示されなければ、外国人投資家だけが不利益を被る恐れがある。投資家情報の翻訳は必要不可欠だが、理解しにくい日本語はいくら意訳してもわかりにくいままだ。日本語で投資家情報の原案を書く段階から、明瞭で理解が容易となるように努めなければならない。

欧州連合における
プレインランゲージ

✏ Angelika Vaasa（欧州議会翻訳総局品質コーディネーションユニット長）

欧州連合（EU）の歴史は、第2次世界大戦後に、再び紛争が起こることを阻止するため、複数の欧州の国の働きかけによって経済統合を図ったことが始まりです。当初は主に政府が関与する構造でしたが、次第に市民が直接関与する構造へと変遷。現在は27カ国が加盟しています。

EUは市民の平和と繁栄を促進することを目指し、欧州レベルで法律を適用することでこれを実現しようとしています。

従ってEUの政策に影響を受ける市民に対しては、コミュニケーション上の責任が伴います。このコミュニケーションを効果的に実現するには、明瞭な言葉（プレインランゲージ）を使うことが必須です。EUの調査では、政治家や行政官が明瞭なコミュニケーションを行うことで、市民からのエンゲージメント（信頼）が向上することが示されています（参照1、2）。EU機関によるコミュニケーションは、過度に専門的で複雑だと捉えられがちです（参照3、4）。しかし実際には、市民が理解しやすいコミュニケーションを導入するべく努めているのです。

以下は、2つのレベルでのEUのコミュニケーション方法です。

・**EU適用法・適用文書**：不明確な法律は理解困難であり、EU全体の人々の認識に影響を与えるため、わかりやすい言葉を使用すべきである。

・**コミュニケーション文書**：EUの活動の動機や方法を説明する文書。多くの場合、EUの法律とEUの決定が人々の生活にどう影響するかについて明確に記述している。

法律をわかりやすい言語で起草することは簡単ではありません。どの程度わかりやすくすべきか、世界中で議論されています。特にEUという枠組みでは、多言語・複数国という要素が加わるだけでなく、その独特な立法過程のためにさらに複雑な議論を強いられます。

EUの法律制定には、27カ国の代表と各EU機関の間で交渉が行われます。法律が成立すると法的拘束力が生じます。さまざまな利害関係のバランスを保とうとすることで、最終的な文言は冗長で複雑になりがちです。従って文をわかりやすくするために、言語専門家が重要な役割を発揮するのです。

※本記事は筆者の個人的見解に基づくもので、必ずしも欧州議会としての見解を示すものではありません。

近年、EUの活動に関連した発信の機会が大幅に増加しています。例えば、欧州議会は、欧州選挙での投票を市民に呼びかけるキャンペーン（https://together.eu）を実施したほか、欧州歴史館（https://historia.europa.eu）の設立など、EUについてより楽しく学べる場（https://visiting.europarl.europa.eu）を増やしています。

27カ国の人々と効果的にコミュニケーションを取るのは困難で複雑です。EU市民は、24の公用語を話し、27の個別の法制度のもとに暮らしています。またさまざまな文化や風土があります。

EUの機関の言語専門家は、EUの法律と文書を24のEU公用語すべてで提供できるようにします。また、起草された文書が明快かどうかを率先して評価することもあります。

欧州議会の翻訳総局では、数年にわたって24のEU公用語にて明瞭な言語を使用することを提唱してきました。欧州議会には、明瞭な言語、いわゆる「Citizens' Language（市民の言語）」を専門とする部署も設置されています。2020年にはCitizens' Language Policy（市民言語政策）の採択に至りました。

議会におけるCitizens' Language Policyは、多くの形で導入されています。以下は、私たちが採用している戦略の一部です。

1.意識の向上

明瞭な言語の価値についての意識向上に継続的に取り組みます。明瞭な言語に関するトレーニングを24のEU公用語で実施。Citizens' Language Days（市民言語デー）などの年次イベントも開催します。

2.ガイドラインのアップデート

スタイルガイド*やコミュニケーションガイドラインに明瞭な言語の原則を取り入れています。EU法の起草のための主要なガイドでは、EUの法律は「明瞭、簡潔、正確」であるべきと記されています（参照5）。内部資料であるブランドブック＊＊では、市民とコミュニケーションを取る際にプレインランゲージを使うことが義務付けられています。

先日、私たちは、明瞭な言語で文書を作成するための内部ガイドラインを発行しました。これは、プレインランゲージに関するISO標準（ISO 24495-1）に準拠しています。

3.技術の活用

書き手が明瞭な言語の原則を効果的に適用できるよう、積極的に技術を取り入れています。例えば書き手が使用するドラフト（草案）作成ツールや文書テンプレートに明瞭な言語を統合する取り組みを進めています。これにより、ドラフト作成中に、作成者は明瞭な言語使用のガイドラインを意識するようになります。

＊スタイルガイド：書き方や言葉づかい、デザインに関する手引き
＊＊ブランドブック：目指すべき方向性や理念などを記した資料

4. 音声や動画の活用

音声および動画フォーマットを使用し、多くの人々がEU関連の情報により簡単にアクセスできるようにしています。Europarl Radioプラットフォーム（https://en.audio.europarl.europa.eu）では、多様な音声プログラムを明瞭な言語で提供。24のEU公用語で、聴覚障害者向けの動画字幕も作成しています。

● ▲ ■

欧州議会の翻訳総局では、継続的に議会およびEU全体の理解向上に取り組んでいます。これには2つの重要な側面があります。それは、言語専門家は24のEU公用語で明瞭な言語を使って伝えることと、機関全体で明瞭な言語を行う意識を身につけることです。

大規模な組織で明瞭な言語（プレインランゲージ）を使用するという意識改革を行うことは、時間と忍耐を要します。しかし、明瞭な言語の使用はもはや選択肢の一つではなく、必須事項です。EUの機関が透明性と説明責任を強化し、EU市民の信頼を得るには、避けては通れない道なのです。EUがより明確でアクセスしやすい機関になるために、プレインランゲージの使用は機関全体で必ず実現しなければなりません。

Profile

Angelika Vaasa （アンジェリカ・ヴァーサ）

欧州議会翻訳総局　品質コーディネーションユニット長

およそ20年にわたり欧州議会の翻訳総局に勤務し、過去10年間翻訳品質管理に従事。その経歴の分野は、言語、通訳、教育、観光、欧州法学など多岐にわたる。

また、ISO専門委員会（TC）37におけるプレインランゲージと翻訳規格の確立に積極的に関与しており、2023年11月には、品質管理マネージャーとして、ISO専門委員会（TC）37／WG 11（プレインランゲージに関する作業グループ）の幹事に任命される。International Plain Language Federation（IPLF、国際プレインランゲージ連盟）の役員でもあり、同団体における複数の委員会の活動に積極的に参加し、プレインランゲージの普及促進に熱心に取り組んでいる。

参照：

1) Federico Maria Ferrara、Siria Angino「Does clarity make central banks more engaging? Lessons from ECB communications」、出典『European Journal of Political Economy』第74（2022年9月）
https://www.sciencedirect.com/science/article/pii/S0176268021001191

2) Sina Özdemir、Christian Rauh「A Bird's Eye View: Supranational EU Actors on Twitter」、出典『Politics and governance』第10巻1刷（2022年）：p.133〜p.145）
https://www.cogitatiopress.com/politicsandgovernance/article/view/4686/2544

3) Christian Rauh「Clear messages to the European public? The language of European Commission press releases 1985–2020」、出典『Journal of European Integration』第45巻4刷（2023年）、p.683〜p.701
https://www.tandfonline.com/doi/full/10.1080/07036337.2022.2134860

4) Jeremy Gardner「Errors in EU-English」（2017年4月）
https://riviste.unimi.it/index.php/AMonline/article/view/8308/7926

5) 「Joint Practical Guide of the European Parliament, the Council and the Commission for persons involved in the drafting of European Union legislation」欧州連合、2015年
https://eur-lex.europa.eu/content/techleg/EN-legislative-drafting-guide.pdf

応用編
成功するコミュニケーション

「文脈からわかってくれ」は死語

2019年、プレインランゲージがISO（国際標準化機構）で国際標準規格化されることが決定。プレインランゲージとその日本語版であるプレインジャパニーズは、これから日本でも順調に普及していくのだろうか。ボストン コンサルティング グループ（BCG）でグローバル戦略の策定・実行支援を数多く経験してきた内田和成氏に、国際ビジネスの現場における明快なプレインランゲージの大切さと、ビジネス一般におけるダイレクトで明快な情報伝達について話を伺った。

内田和成（うちだ かずなり）

経営学者、コンサルタント。専門はリーダーシップ論・競争戦略論。早稲田大学名誉教授、元ボストン コンサルティング グループ日本代表、東京女子大学特別客員教授。

明快でダイレクトな情報伝達とは？

浅井 先生のお話しのされ方は、ダイレクトでわかりやすいので、私もお手本にしています。しかし、この明快でダイレクトな話し方というのは、日本国内のビジネス界ではまだ一般的ではないですよね？ これは、先生が意識的にそういう話し方をあるときからし始めたということですか？

内田先生 英語で話す場合と、日本語で話す場合で異なります。英語については私自身プレインランゲージを話せていると自負しています。ただこれは私の英語力の問題で、複雑な言い回しをしないことが幸いしているかもしれません。いずれにしろ、外国の方からは、日本人にしては珍しく主義主張がはっきりしているとプラスに評価されます。外国の方に私の話が伝わりやすいのは、私の話がシンプ

ルで、かつイエス・ノーがはっきりしているからだと思います。

　日本語の場合ですが、浅井さんのおっしゃる通り、コンサルタントになってから話し方を変えました。以前は自分の言っていることがわからないのは、相手に問題があるというスタンスでした。

　しかし、コンサルティングというお客様相手のサービス業を始めてみると、お客様あっての商売であり、「自分の言いたいことを言って、わからないのは相手のせいというスタンスではダメだ」と悟りました。それで、自分の思いをどうしたら相手に伝えられるかを軸にして話すように話し方を変えました。

　もちろんダイレクトに自分の言いたいことを言っても通じる場合もあります。例えば昔から付き合いがあり、自分のことを信用してくれている人に対しては「お前はその点がダメなんだよ」と言っても、相手は侮辱されたとは思わず、良いことを言ってくれたと思うでしょう。しかし初対面の社長に「だからあなたの会社はダメなんですよ」なんて言ったら、そこでもう耳をふさがれてしまいます。

　日本語はその場の空気を読む暗黙のルールが多いハイコンテクストな言語です。それを理解して話さないと、言いたいことも伝えられない。それを、コンサルティング経験を通じて学びました。

　日本語の場合、まず相手の言っていることを、ロジカルな左脳で理解します。こちらがある提案をしたとき、相手が「このExcelの何番目の表がおかしい」と指摘したら、まず、それをロジカルな左脳で確認、理解します。次に、「この人は、なぜこのようなことを言うのだろうか？」と感覚・感情を司る右脳で考え、さらにこれにどういうスタンスで切り返したらよいのかを右脳で考えます。例えば「相手は概ね当方の提案に賛成だが、ある懸念点だけが気になるので指摘しているのか」、それとも「当方の提案に全面的に反対で、難癖をつけるために重箱の隅を突いているのか」を右脳で判断し、どう切り返すかも右脳で判断します。前者のケースであれば、こちらの提案を相手は理解した上で懸念点を指摘しているので、その懸

念点を払拭し、提案を通さねばなりません。なので、丁寧な説明をする必要があります。後者の場合は、相手が社長なら丁寧な説明が必要ですが、相手がキーパーソンでなければ「その質問は本論に関係ないので後にしてください」と回答を後回しにしたほうがよい場合もあるでしょう。これらを右脳で感覚的に判断し、最後に左脳で言葉にして相手に伝えます。

　このように、日本語の場合は4つのプロセス、つまり相手の言っていることを左脳でロジカルに理解し、次に右脳で「相手はなぜこんなことを言うのか？」と問い、それに対して「どういうスタンスで切り返すのか？」を感覚的に判断し、最後にその結果を左脳でロジカルに説明、回答するという話し方をするように変えました。

　この4つのプロセスは、日本語では実践できますが、英語ではできません。英語の場合、相手の質問・指摘をロジカルに理解し、ロジカルに回答します。これは、私が英語のネイティブではないという点が関連しているでしょう。しかし、面白いことに、少なくとも欧米の人にはロジカルに理解しロジカルに回答したほうが、主義主張がはっきりしていると良い評価を受けることが多いです。

まずは結論から伝えよう！

（浅井）　拙著『伝わる短い英語』に、先生からいただいたお言葉で「まず結論から」というものがあります。

（内田先生）　英語はローコンテクスト言語の最先端ですから、彼らは短い時間を有効に使うべきと思っています。例えば「AだからBで、BだからCなので、結論としてはCを提案します」という回りくどい言い方より、「Cを提案します。なぜならAだからBで、BだからC、だからです」としたほうが外国の方に伝わります（日本でも近年はその傾向が強くなってきています）。話がどこまで行ったら結論な

のかわからないと、話がわかりにくい。そこで、まずは結論ありきで話したほうが、彼らからするとピンとくると思います。

　また英語の場合、主語がはっきりしていますが、日本語では主語がはっきりしない場合も多い。そのため「こういう意見がある」と主張しても「それはあなたの意見なのか？　誰の意見なのか？」が曖昧です。英語の場合は主語がはっきりしているので何にでも白黒つけたがる。だから、「そのように白黒つける癖をつけておかないとだめだよね」というのが英語で会話するときのポイントです。

　さらに言えば、近頃は日本語でも、価値観の違う人に対して持って回った言い方をしても通用しません。世代が異なれば今までの言い方では通用しなくなることがあります。価値観の相違によって今までは暗黙のうちに共有できていたコンテクストが消失し、日本語が通じなくなっているためです。

　例えば年配者が職場で、「私が駆け出しの頃は、職場に行ったらまず上司に『おはようございます』と挨拶するのは当たり前だったよ」という話をした場合、この真意は「朝出社したら周りの人にあなたも挨拶しようね」と遠回しに言っているのだと50代以上の方なら理解できるでしょう。しかし若者には伝わらないかもしれません。若者は、まずこの人が、「昔話をしているのか？」「自分にメッセージを投げているのか？」がわかりません。そもそも、なぜ挨拶が必要なのかもわからない可能性もあります。

　この場合、2つに分けて伝える必要があります。「君たちも出社したら挨拶したほうがよいと思うよ」と相手に対して明確なメッセージをまず述べ、次に「なぜなら私はこういう理由で挨拶したほうが良いと考えているからだ」とその背景・理由を添える必要があります。「それぐらい察しろ！」は通用しません。

　ローコンテクストな英語で外国の方にも通じるように話すのも、若いＺ世代にも伝わるように日本語でもローコンテクストな話し方をするのも、根本部分は結局同じだと言えるのです。

国民性や世代間の違いを認識しよう！

浅井　国際ビジネスにおける心構えと、コミュニケーションについて先生が特に心がけていらっしゃることを教えていただけますか？

内田先生　まず国民性の違いや世代間の違いが必ずあるのを意識することですね。BCG（ボストン コンサルティング グループ）には約70カ国の人々が勤務していました。例えばイタリア人の国民性などは僕もピンときませんが、とにかく「自分たちとはまるで違う」と認識しておくことが大事です。ラテン系の方はなぜミーティングに遅れてくるのか、日本人の感覚だと最初は理解できないわけです。でも彼らと一緒に仕事をするなら、相手の国民性を認識し、それに合わせる努力をしなければならない。もっとも相手も日本人はおかしな奴だと思っているかもしれないのでお互い様です。たとえ相手のことを理解できなくても、そもそもの価値観や行動基準が自分とは違うということを認識した上で付き合うことが重要です。

　次に、自分の主張をはっきりさせることです。阿吽（あうん）の呼吸というのは通じません。例えば「これぐらいにしておきましょうか」と言って議論を収めるとき、日本人感覚で言えば9割5分まで詰めたので後はまあいいかという認識でしょう。ところが西洋人からしてみるとその「これぐらい」が5割程度の不完全な詰めだったりして、後々「なぜ詰まっていないんだ」と問題になったりする。そういう曖昧な部分をはっきりさせておくことも大事で、日本人同士ならわざわざ言わなくても良いようなことでも「これとこれとあれをいつまでに」と明確に伝達しておくことが大事ですね。

　また、これは国民性の話ではなく、人には、絶対に譲らないタイプと、妥協してでも何割かの線で収まればいいというタイプの人がいるじゃないですか。前者タイプの人はなるべく早く把握するように努めました。絶対譲らないタイプが相手のキーマンの場合、妥協

点が見出せず、折り合いがつかなくなるリスクがあるからです。

浅井 時間をかけないと、その見極めはなかなか難しいのでは？

内田先生 日本的な婉曲的なアプローチをしていれば確かにそうですね。しかし私の場合、直球を投げることが多いため、相手の反応で大体読めます。むきになって反応する人や、しょうがないからこの辺で収めておいてやるかという人などの場合は、こちらが包み隠さずはっきり言わないと通じません。ですから「もう言ったからいいだろう」とか「伝わったはずだ」と勝手に思い込まず、相手にはっきり伝えるようにすることが大事です。

多くの情報を事前共有しているほうが有利！

浅井 短時間で相手の信用を得たい場合、毅然としたダイレクトなコミュニケーションをするとどう影響してくるでしょうか？

内田先生 ケースバイケースで、万人に通用する方法はないでしょう。ですが、事前に両者が共有している情報量やコンテクストが多いほど、会話に要する情報量は少なくて済みます。例えば、私と浅井さんが、大学の同級生で同じ先生の授業を取っていて、期末試験の後、廊下で出会って、私が浅井さんに「あれどうだった？」と聞けば、浅井さんは、あの先生の試験のことだなとわかり、「山がはずれてえらい目にあいました」などと、少ないやり取りでも会話が弾むわけです。

しかし、大学の同級生でもない全然別の人に私がいきなり「あれどうだった？」と聞いてもまったく意味が通じません。ですから、共に仕事をする場合、相手との共有情報は多いほど良く、かつその共有部分を明確に把握することが双方にとって重要です。そのため

にも、お互いにダイレクトで明快なメッセージを発したほうが、相手との共有情報やそれに対するスタンスを把握しやすいということは言えるでしょう。

国際ビジネスで心がけるべき2つのこと

浅井　国際ビジネスにおける失敗パターンを教えてください。

内田先生　まず「言わなくてもわかってもらえる」という暗黙の了解は絶対通用しません。この点は肝に銘じてほしいですね。

　第二に「相手はどういう立場で発言しているのか？」を早く把握することです。例えば、交渉の際、相手が「会社の資産を守ろうという立場で交渉に臨んでいる」のと、ただ単に「この交渉で自分の手柄を立てたい」という立場の人では、予測される相手の行動はかなり違ったものとなるわけです。

　前者の場合は、「あなたの立場もわかるけど、会社全体の利益やその先にいる顧客のことを考えるとこんな風にするしかないよね」みたいな妥協点でも呑んでもらえる可能性があります。しかし、後者の場合だと、そのような結論は、彼から見て自分の負けを認めることになるから絶対に嫌だとなる可能性があります。

　したがって相手がどういうスタンスで臨んできているのかを把握することが大切です。しかし、これは事前の調査ではなかなかわかりません。相手と会話しているうちに言葉の端々のニュアンスから把握することになります。

最終的にはどう相手を動かすかが重要！

浅井　いろいろとお伺いして、先生を筆頭にコンサルティングをする方々はコミュニケーションのプロ中のプロであると感じました。

内田先生 プロ中のプロかどうかはよくわかりませんが、目的を達成するための手段はいろいろ探ります。限られた時間でどう戦略を練るかということに関しては、プロなんでしょうね。

これは特にコミュニケーションに限った話ではありません。私はビジネスに正解はないと思っているので、正解のない暗中模索の中から「納得のいく自分なりの答えをどう導き出し、意思決定するか」と、「その答えが相手にどう受け取られ、相手をどう動かすか」をセットで考えることだと思います。

「あなたの主張はよくわかった、でも私はそれはやりません」という結論と「あなたの主張はよくわかりませんが、そこまで言うならそれをやりましょうか」という結論の場合、コミュニケーションとしては前者が正しい。自分の主張を理解してもらえたわけですから。しかし、ビジネスとしては、結果的に顧客を動かした後者の勝ちです。

そういう部分も含め、どうやって相手を納得させ、動いてもらうかこそが、真のコミュニケーションだと私は思います。

浅井 そういう意味では相手を理解することが重要ですね。

内田先生 もちろんそうなんですが、相手の心情を全面的に理解することなんて不可能です。一般的な意味での相手への理解や共感ではなく、自分が成し遂げたい目的のために、自分は相手の何を理解しておけばよいのかを把握・理解することが、コミュニケーションおよびネゴシエーションにとっては大事な点となります。

浅井 今日は大変貴重なお話を聞かせていただき、誠にありがとうございました。

日本の教育とプレインランゲージ

新潟県南魚沼市にある国際大学 (IUJ:International University of Japan)を訪問し、学長の橘川武郎氏と対談させていただきました。IUJは日本初の大学院大学であり、土光敏夫氏(経団連第4代会長)ら財界人の後押しで1982年に開学。日本で初めて英語を学内で公用語化した同学は、大学院教育を英語で施し、グローバルに活躍する人材育成と少数精鋭教育を主眼としています。現在は、世界の約70カ国、およそ400名の学生が敷地内に住み勉強しています。

橘川武郎(きっかわ たけお)
経営学者。専門は、日本経営史・エネルギー産業論。東京大学名誉教授、一橋大学名誉教授、国際大学学長、同学国際経営学研究科特任教授。

大切なのはプレインなコミュニケーション!?

浅井 本日は橘川先生の講義を参観させていただきありがとうございました。先生の経営史の講義は学生時代に受講させていただきましたが、本日は英語での講義を受講し、感慨深いものがありました。土光敏夫氏や稲盛和夫氏と、戦後復興や日本経済に大きく影響を与えた経営者の経営哲学やビジネス戦略について講義されるのはもちろんのこと、9割強が外国籍の学生らが土光氏や稲盛氏について自らの意見を述べ、後半では熱くグループディスカッションを繰り広げているのに正直、驚きつつも感銘しました。彼らと同世代の日本人の若者の多くは、土光氏の名前を聞いてもピンとこないであろうに、海外から来た学生が「ミスター土光は……」と日本人経営者から学び、自国政府の経済政策や経営課題に対し各自の改善策を語っていて、講義内容と議論のあまりのレベルの高さに驚きまし

た。留学生の多くは国際協力機構（JICA：Japan International Cooperation Agency）の支援で各国政府からの要請で派遣された学生のためか、意識が高いのはもちろん、ディベートをしたり、意見の異なる相手とも上手に調整する術を心得ており、コミュニケーション能力が高く、私もグループディスカッションに参加させていただきましたが圧倒されました。そして「彼らが国に帰ればエリート階級なのだろう」ということはそのスマートさから、容易に想像がつきました。

大昔に大学で講義を受けた私の印象では、日本の大学、そして大学院であっても講義は教授からの一方通行で学生は受け身の印象で、もちろん私もその一人でしたが、ここはまったくそうではありませんでした。これはこの大学独自のものなのでしょうか？　あるいは日本の大学もこのように変わりつつあるのでしょうか？

（橋川先生）　MBA（経営学修士号）が取れる大学院ではこのスタイルが多いと思います。ただ、日本の中でもここまでインタラクティブなところは珍しいと思います。日本も大学までは「聞いて」勉強しますが、ビジネススクールでは「喋って」勉強します。そしてそこが大きな違いになっています。だから、ここでは日本人の学生も積極的に発言します。そうしないと勉強になりません。

教室の中は、さまざまな国のさまざまな文化や背景を持つ学生がいて、私も含め英語のレベルはさまざまです。まさに多様性の中で、自分の意見をしっかり持ち、プレインイングリッシュで自分の考えを明確に表明しないと自分の存在意義が薄れてしまいます。

（浅井）　プレインランゲージは「情報の受け手の立場に立って情報発信する」という目的のもとで考案されましたが、橋川先生が、本日の講義でプレインイングリッシュを実践され、私も実際にプレインランゲージが実践されている場を身をもって体験し、その有効性を

知り、学ばせていただきました。改めて有意義な機会をいただけたことに感謝します。橘川先生が学生の各レポートに対し、ポイントとなる点、印象深かった点、またユニークな視点で良かった点などを書き込み、学生たちにプレインイングリッシュで的確にフィードバックされていましたね。その点も大変勉強になりました。

橘川先生 私はプレインランゲージとはプレインコミュニケーションだと思っています。会話以前のこの情報共有のやり取りが大事です。そのため講義内容のパワーポイント資料を事前に配って、学生と情報共有すべき点を事前に予習してもらい、教本とともに講義で使用しています。

浅井 学生さんの講義内容の理解度が高いのはわかりましたが、学生によって英語表現が異なっていますね。国ごとに少々アクセントのクセがあって聞き取りにくかったり、使う単語が違っていたり……。例えば日本の学生は受験でしっかり叩き込まれたラテン由来の単語を使用していたのに対し、海外の方はサクソン系のプレインな単語を使っていました。さぞご苦労が多いのではないかと思いましたが、先生は双方しっかり理解されているとお見受けしました。

橘川先生 いやいや、まだまだ完全には理解できていないと思います。ですので、私が集中するのはキーワードです。その人が一番言いたいことは何なのかを捕まえることに集中しています。

　着任当初、私が質問をキャッチできないと、「今の質問の要点はここですよ」と、別の学生が英語を英語で訳してくれました。まずはそういうわからないものはわからないというオープンな雰囲気を恥ずかしがらずに作り出すことが重要です。こちらが恥ずかしいと思ってしまうとオープンな雰囲気にはならず助け舟も出ません。そこを突破してからはあまり困ったことはなかったですね。もしミス

コミュニケーションが生じても、誰かが直してくれますから。

浅井　毎回の講義で学生の理解を深めるために、英語でプレゼン資料を作成されるだけでも大変なのに、学生の英語の論文に目を通し、その一つ一つに丁寧にコメントされているのには感服します。そうでなくとも、先生はテレビや新聞で頻繁に論説を依頼されるお立場でお忙しいのに。

　私は講義の後に彼らに「橘川教授が日本で著名な方だと知っていますか？」と質問したら「先輩が教えてくれたから知っているよ」と返ってきました。彼らからしてみたら、そうした教授から手厚い講義をしてもらっていることに感謝の念を抱いていることが伝わりました。それにしても、事前のプレゼン作成、毎回のレポートの確認とフィードバックと諸々、先生のご負担が大きいのではないかと推察しますが。

橘川先生　確かに事前の資料もさることながら、全員のレポートに目を通すのも正直大変です。レポートのフィードバックについては、この学生にはこれを聞こうというのをキーワードで書き出しています。

　面白いことに、プレインランゲージがプレインランゲージを呼ぶ側面があります。こちらがポイントだけを話すと、答える側もそうせざるを得なくなってきます。こちらがだらだらと長く喋ってしまうと、答える側もプレインではなくなる。プレインなクエスチョンがプレインなアンサーを呼びます。これは大事なことだと思います。

浅井　先生が学生とのコミュニケーションで困られたことは何でしょうか。

橘川先生　講義はインタラクティブに行いますから、やはり質問をちゃんと聞き取れるかということが課題です。これに対しては「基

本的にみんなシンプルに喋りましょう」というクラスの雰囲気を、講義の最初の一、二回で作ることが大事です。これができれば、学生が大体対応してくれますし、だらだら話すような学生は浮いてしまう雰囲気になります。

浅井　確かに、学生は事前に用意した自分の意見を簡潔にプレインイングリッシュで話されていて非常にわかりやすいと感じました。また、先生が一人でも多くの学生に発言してもらうよう運営されているのが暗黙の了解でわかりました。学生も先生に指名されるのを楽しみに待ち構えていて、各人が堂々と自身の意見を発言されている姿は、凛として頼もしさを感じました。

橘川先生　この講義の場が喋ることに意義がある場であることを学生もよくわかっていて、よく喋るように学生自身が心がけていると思います。したがって、学生に喋る機会をあまり与えないような先生の評判は悪くなります。

海外学生が日本を留学先に選ぶ理由とは？

浅井　海外の学生が日本を留学先に選ぶのはなぜでしょうか。

橘川先生　一般的に、留学先として、個人ベースで裕福な場合は、米国・欧州を選択します。そうではなく政府の費用で留学するような場合は中国が中心になります。それにもかかわらず日本が選ばれるのは、日本経済が成功と失敗の経験を積んでいるからです。日本の産業革命が終わったのが第一次世界大戦の頃で、そこから80年はG7の中でもトップの経済成長率でした。続いてバブル崩壊後の失われた10年があり、その後40年はG7の中でも最下位に近い経済成長率です。

　成功と失敗と、両方の話ができるので、学びが深まります。IUJに来ている多くの学生の出身国は現在、成功の局面にあり、成長ストーリーが好まれますが、成功の陰には日本が経験したような多くのターニングポイントがあります。そこで、日本が苦しくなったプロセスの中で例外的に頑張った人、例えば、稲盛和夫（京セラ）さん、柳井正（ユニクロ）さんと、孫正義（ソフトバンク）さん、それから鈴木敏文（セブン＆アイ・ホールディングス）さん、彼らの経営を学べる日本を選ぶことは、学生にとって非常に意味があります。

　また、漫画とアニメの影響もとても大きいです。圧倒的な競争力が漫画とアニメにあります。そして、留学生は宮崎駿の絵が綺麗だからではなくて、セリフに関心を持っているようです。「あの3行とか5行の中に、人間の機微を落とし込む。日本人のカルチャーはすごい！」などと言う。非常にありがたいですね。

　私は、戦後、今ほど日本人が評価されている時代はないと思います。バブル期以前はエコノミックアニマルで、よく働くけどがめつい。米国がばらまいたドルを回収しているのは日本だといわれていました。今はまったく逆で、日本人はいい人たちでいろいろ教えてくれてあまり対価を求めないと思われている。ビジネスの立場からすると問題かもしれませんが。しかし、そういう人たち、そういう国があってもよいのではないかと思います。

多様性の中でこそ調整力が育まれる！

浅井　国柄や環境によって考え方が大きく異なり、講義ではさまざまな意見が交わされていて、まさに多様な人たちの集まりでしたが、確かにそれぞれが成長局面にいるアジアやアフリカの国の方のようにお見受けしました。

橘川先生　そうですね。IUJの学生の国別比率からいえば、一番多

いのは東南アジアです。モンゴルの方も多い、それから、旧ソ連圏のタジキスタン、キルギスタン、ウズベキスタン、カザフスタンの人たち、アフリカ、太平洋諸国、ラテンアメリカがいる。米国の方もいます。やはり国によってかなり考え方が違います。さらに、IUJへの応募の6割はJICA経由で、その多くは各国の政府職員です。この方たちは帰国後、各国政府の要職に就くわけです。だから考え方も政府の視点からになりがちです。

　一方、個人ベースでの留学生も2割以上います。個人ベースが多いのはインド、それからモンゴル、フィリピン。この方たちは日本での就職を目指しています。例えば、インドの方は日本のIT関係などです。この方たちは当然、庶民の視点で考えます。

　つまり、多様な考えの持ち主が一堂に会しているということですね。

浅井　私が参加したグループの男性は、無意識に指で机をコツコツたたいていて、どうやら自分が当てられる番を待っていたようでした。ようやく番が回ってきたら「よし来たぞ」という感じで、うれしそうに発言していたので、日本の講義とまったく違うと思いました。私はその場を一緒にできてワクワクしたのですが、先生もそういう意味では、授業をされていて楽しいのではないでしょうか？

橘川先生　楽しいです。やっぱりこれだけ意見の異なる人がいると、自分では気付きもしなかったポイントが、結構出てきます。このため、意識的に、面白い＝変わった発言をしそうな人を指名する傾向もあります。彼らもあの場で指名されることを誇りに思っているようです。

浅井　グループディスカッションでは、グループ内で意見が異なる人同士が議論していました。だからといって敵対する感じはまったくなく、最終的には双方の意見をうまく織り交ぜながら調整し、自分たちグループの意見としてまとめて発表されていて、そうした調

整が上手いなぁと、感じました。

橘川先生 そうです。そこは皆さん慣れていると思います。ダイバーシティが前提ですから。多様性を認めた上じゃないとここでは生活できませんからね。

浅井 その異なる意見を女性の学生が限られた時間に上手にまとめて発表していく様子を見て、すごいと思いました。まさに多様性に富んだ環境の中で調整力が育まれるのですね。グローバルコミュニケーションとは、ただ単に語学能力が必要となるだけではないことをこの教室で身をもって学ぶことができました。

橘川先生 繰り返しになりますが、プレインランゲージはプレインコミュニケーションだと思います。そしてこのような多様性に富んだ環境の中では、プレインなコミュニケーションの質がさらに高まると思います。

浅井 先生の講義を参観させていただいて、グローバルコミュニケーションにおけるプレインランゲージの役割と目的について改めて学びました。プレインに話すのはもちろんですが、まずみんなが異なることを踏まえて、理解し合おうという思いのもと、それぞれが相手を尊重し、なおかつ自分の意見をしっかり持ち、試行錯誤しつつ調整し合い、さらにわかりやすくアウトプットする。それが新たな付加価値を生んでいくのだと確信しました。これからの時代に求められる能力だと改めて気付けたことは、私にとっても新たな発見でした。橘川先生は「プレインコミュニケーション」と言っておられましたが、時代と共に進化するコミュニケーションの場に参加でき、多様性時代に即したプレインランゲージを体験できる貴重な機会をいただきました。本当にありがとうございました。

ノルウェーにおけるプレインランゲージ

✎ Torunn Reksten（プレインランゲージエキスパート）

2022年1月1日、ノルウェーではプレインランゲージに関する法律、ノルウェー言語法（Norwegian Language Act）が施行されました。誰もが自身の権利と義務について正しい情報を得ることができるよう、公共機関にわかりやすい平易な表現の使用を義務づけた法律です。プレインランゲージにより必要な司法手続きが利用しやすくなる上、健康、生活、家族、仕事に関しても、正しい情報に基づき、確信を持って決断を下せるようになります。

● ▲ ■

ノルウェーにおけるプレインランゲージの体系的な導入は2009年に始まり、政府の支援を受けた大規模な数々の取り組みが実施されました。2022年1月1日施行のノルウェー言語法は、ノルウェー語をはじめとする公用語に適用されるもので、すべての公共機関は平易で理解しやすい言語を使うことを義務づけています。また、公共機関の管理実務に関する新しい公共行政法（Public Administration Act）では、プレインランゲージの項目があります。

プレインランゲージの体系的な導入のきっかけは、ある政府機関が年金受給資格者に送った手紙でした。手紙の内容が不明確であったため、手紙の受取人たちに受給に必要な手続きが伝わらなかったのです。当時の政府行政改革省（Ministry of Government Administration and Reform）大臣は、政府側の責任を認め、その対策として、市民サービスを含む複数の分野にまたがる一大プロジェクトを発足させたのです。

5年続いたプロジェクトはまず、プレインランゲージの認知と理解を目標に掲げました。その後、さまざまな施策を展開し、優れた取り組みの表彰、新しい手法やユーザーテスト、ツールの実験、セミナーやカンファレンスの開催、さらにはプレインランゲージのウェブサイトも作成しました（このウェブサイトは今でも情報源として重宝されています）。

私たちは400以上の公共企業体や地方自治体からの相談に応じ、資金援助も行いました。授与した賞は24を数え、法律や規則の改訂は19版を超え、トレーニング参加者は1万2,000人を超えました（ノル

ウェーの人口は約540万人）。

2022年、私が所属する言語諮問委員会では「ベストプラクティスプロジェクト」を実施。成功を収めた施策や手法についての情報を収集。表記に関する8つの推奨事項と多数のチェックリストが完成しました。これらは一般公開されており、無料で使用できます。

公共機関では利用者を重視したアプローチが必要不可欠です。年4回または6回配信しているプレインランゲージのウェビナーも好評で、参加者は毎回1,000人を超えます。

もちろん、プレインランゲージに関する偏見は今も健在です。ひとつに、プレインランゲージは「相手を見下している」という偏見があります。プレインランゲージは平易化を求めるあまり、学術的な精度が損なわれているというものです。もうひとつは「内容が薄くなる」という偏見です。とにかくシンプルさを追求し、技術的用語は使用できないと思われています。いずれも誤解です。

私たちが公的な場でのプレインランゲージを推進するのには、理由があります。

第1に、プレインランゲージは民主主義と正義を強化するからです。プレインランゲージは公平性、インクルージョン、透明性を促進します。政府の決定事項を理解し、社会に参加し、民主的プロセスに関わるには、

言語が障害となってはいけません。

第2に、プレインランゲージは信頼を高めるからです。ノルウェーのモデルは、当局と市民の間の相互的かつ絶対的な信頼のもとに成り立っています。

第3に、プレインランゲージは時間とコストを節約するからです。プレインランゲージで書かれた文書は短時間で理解でき、書き手と読み手の間での齟齬を減らします。時間の節約はコスト削減につながります。

第4に、プレインランゲージの使用は良質で明瞭なコミュニケーションを促進し、よりよいサービスを提供できるようになります。

第5に、公共機関はプレインランゲージの手本となるべきだからです。

公共機関の決定事項が人生を左右することもあります。例えばノルウェーへの亡命を申請する場合です。移民不服審査会（Immigration Appeals Board）は、亡命が認められなかった人々の申し立てを審査する最終機関ですが、利用者が法的解釈に苦心することがよくあります。そのような場合こそプレインランゲージが重要となります。同審査会では、法的な正確さを損なわないよう注意しながら、利用者にわかりやすい表現を心掛けています。

もうひとつ、プレインランゲージで書かれた法的文書がサービス

改善を導いた例を紹介します。ノルウェー最大の生命保険会社KLPは100万人近くの年金貯蓄を管理していますが、多くの人がpension savings（年金のための貯蓄）を理解するのは難しいと感じていました。

あるときKLPが加入者5万人に手紙を送付したところ、カスタマーセンターに1万件を超える問い合わせの電話が殺到しました。これを受けてKLPのコミュニケーション部門は、「Kåreを救え！」というプロジェクトを発足しました（Kåreとはノルウェーの一般的な男性の名前で、高齢者のイメージを伴う）。目標はKåreさんに代表されるような一般高齢男性を複雑なコミュニケーションから救うことでした。この手続きについてKåreさんはどんな疑問を抱くだろう？　会社が伝えたいメッセージは何だろう？　同社は自問自答を重ねました。そして、動画、ステッカー、スナック菓子などを使って「Kåreを救え！」キャンペーンを実施しました。

顧客を重視したことで、同社はシンプルかつ正確で、苦にならないコミュニケーションを実現しました。問い合わせは減り、顧客満足度は向上し、商品の売れ行きも改善しました。

透明性が高く利用者を大切にする政府を実現するために、言語は欠かせないツールです。言語は文化であり、アイデンティティであり、インフラでもあるのです。プレインランゲージは、すべての人が正しい情報をもとに、人生を左右する事柄について確信を持って決断ができるように人々をサポートします。それゆえ、プレインランゲージは民主主義、公平性、正義の体現への道なのです。

Profile

Torunn Reksten　（トールン・レクステン）
ノルウェー言語諮問委員会プレインランゲージエキスパート

プレインランゲージ協会（Plain Language Association、PLAIN）のヴァイスプレジデントを務め、ノルウェー言語諮問委員会のプレインランゲージエキスパートである。

2008年以来、プレインランゲージの提唱者、講演者、編集者、作家として、プレインランゲージの周知や能力構築において中心的に活動。この活動を通してノルウェーの公的コミュニケーションの新たな基準の確立に貢献。

また、ISO 24995（プレインランゲージ）におけるノルウェー標準化団体の代表を務めており、標準化に向けたISOワーキンググループ11の草案委員会の一員を務める。現在は、法的コミュニケーションに関する標準化のための草案作成委員会第2部の一員である。プレインランゲージのセクションを含むノルウェー語法令の導入のプロジェクト管理に従事した他、オスロで開催されたPLAIN 2019会議のプログラム委員会を指揮した実績もあり、言語諮問委員会のプレインランゲージ戦略の責任者を務めている。

資料編
読みやすさの測り方

読みやすさの測り方

　ビジネスではスピードが重要だ。そして誰もが忙しい時代、一度読んですぐに理解できる文章が求められている。文章に冗長な言葉や複雑な言葉が使われていると、読む速度が遅くなる。また、読み手を混乱させたり、読まれないまま放置されてしまったりする可能性もある。

　自分で書いた文章が読みやすいかどうか、診断を行うツールをいくつか紹介する。読者にとって、その文章が「簡潔・明瞭・的確」に伝わるかを知る1つの目安となる。日本語、英語それぞれに対応しているので、ぜひ試していただきたい。

プレインジャパニーズ診断システム

　日本語の読みやすさを測定するシステムの利用方法は第3章を参照のこと。

プレインイングリッシュ診断システム

　英文がプレインイングリッシュであるかどうか、診断できるシステムはJAPLのウェブサイトのEnglish Readability Analyzer[※1] および(株)エイアンドピープルのウェブサイト[※2] で確認できる。

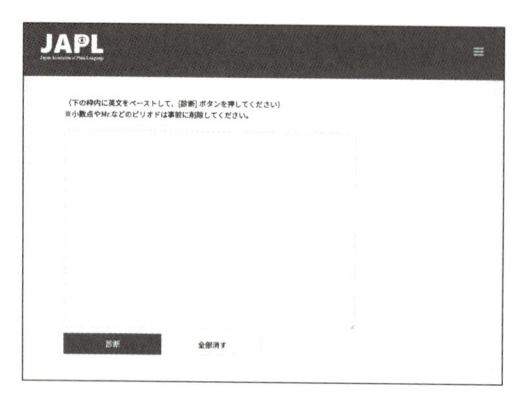

※1 https://japl9.org/readability/

※2 https://www.a-people.com/readability/

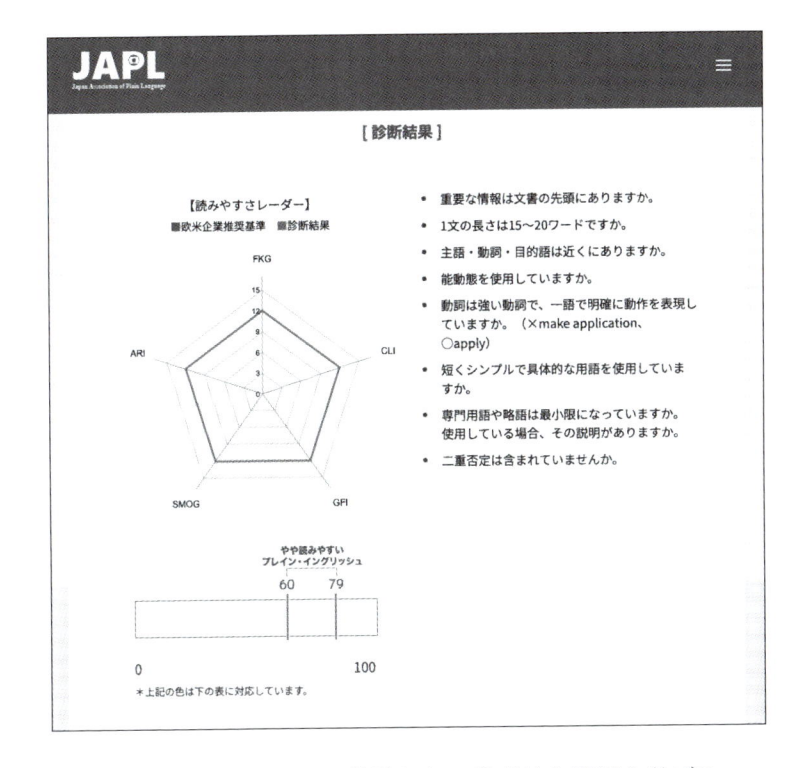

下記に英語の読みやすさの基準となる代表的な指標を挙げる。

Flesch Reading Ease (FRE)

　FREは、文章の読みやすさを100点満点で評価する指標である。点数が高いほど、読みやすく、理解しやすい英文であることを示し、点数が低いほど、読みにくい英文であることを示す。

　一文あたりの単語数と単語あたりの音節の平均数に基づいて評価される。

計算式：FRE = 206.835 − (1.015 x ASL) − (84.6 x ASW)

ASL　= 平均文長（単語の数を文の数で割った数）
ASW = 単語あたりの音節の平均数（音節の数を単語数で割った数）

最高は100点で、高得点であるほど読みやすいとされているが、現実的な理想（プレインイングリッシュ）は60〜70点の間である。理想とされる60〜70点では、1文あたりの平均単語数は15〜20語、ほとんどの単語が2音節で、ネイティブの中学2〜3年生（7〜8年生）が理解できるレベルの単語である。アメリカの有名雑誌『リーダーズ・ダイジェスト』は65点、また『タイム』は52点が基準であると言われている。

　読みやすさを決める要素は、単語および文法と文の長さ（単語数）である。

　短い単語や短い文章は点数が高くなり、一読したときに文意が把握しやすいと言える。「始まる」という言葉を使うのであればcommenceではなくstart を、「〜に関して」という言葉を使うのであればwith regard to ではなくabout を使ったほうが読みやすさが高まる。

　不特定多数の一般読者を想定したビジネス文書として最適な読みやすさのレベルは60〜70点である。

　使用する語彙の専門性が高く（専門性の高い単語ほど音節数が多い）、長文になるほど、点数は低くなる。

　たとえば、情報を配信する相手が、ある一定水準以上の専門知識のある人々のグループであれば、おのずと専門用語の使用が増えるため、点数も低くなるだろう。

　一般に、アメリカの官公庁では、文書作成時に本指標のターゲット値が指定される。たとえば、フロリダ州では、生命保険証書の内容はFRE 45点以上であることが義務づけられている。

Flesch-Kincaid Grade Level (FKGL)

　FKGLは、米国の学校の学年レベルのテキストを評価する。

　たとえば、8.0 のスコアは、8 年生がドキュメントを理解できることを意味する。

計算式：FKGL = (.39 x ASL) + (11.8 x ASW) − 15.59

ASL 　= 平均文長（単語の数を文の数で割った数）
ASW = 単語あたりの音節の平均数（音節の数を単語数で割った数）

　FKGLは文章の読みやすさのレベルを学校教育の年数で表している。FREのスコアを学年レベルに置き換え、よりわかりやすくしたものである。

　数値が高いほど難解な文章という評価になる。数値は7～8が理想的である。

　教師が教科書を選定する基準をはじめ、広く使われている。

　その他の読みやすさの指標には以下のようなものがある。

CLI：Coleman-Liau Index
　　（コールマン・リアウ・インデックス）

GFI：Gunning Fog Index
　　（ガニング・フォッグ・インデックス）

SMOG：Simple Measure of Gobbledygook
　　（スモッグ）

ARI：Automated Readability Index
　　（オートメーティッド・リーダビリティー・インデックス）

Wordを使って日本語の
読みやすさを確認する

「プレインジャパニーズ診断システム」より簡易な方法として、Wordを使っても日本語の読みやすさを確認できる。

① Wordファイルにテキストを貼り付け、F7キーを押す。

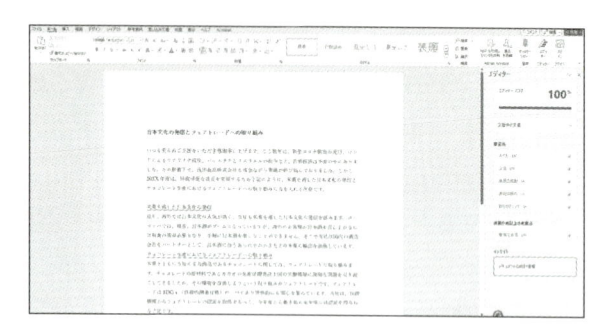

② 右側の［インサイト］から［ドキュメントの詳細情報］をクリックする。

③［統計を計算しています。非常に長いドキュメントの場合、これには数分かかる場合があります。続行しますか?］というメッセージが表示される。

④［OK］をクリックする。

⑤［読みやすさの評価］が表示される。

⑥［平均文長］に一文当たりの文字数の平均値が表示される（注：Wordでは25〜45文字を適正な平均文長と判断している）。また、［漢字］では、文章内に使われている漢字の率が表示される。

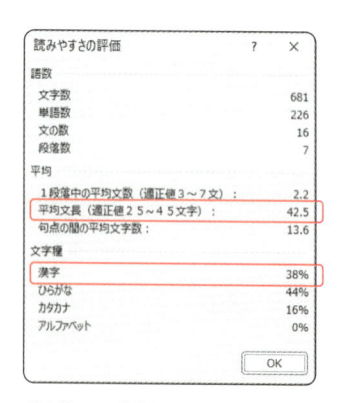

※ Microsoft® Word for Microsoft 365 MSO (バージョン 2406)を使用した例

付録1：よく使われる接続詞・句

種類	よく使われる接続詞・句
順接	だから、それで、そこで、したがって、ゆえに、すると、そのため、このため、よって
並列	また、および、かつ、ならびに、同じく
逆接	しかし、だが、けれども、けれど、ところが、とはいえ、にもかかわらず、それでも
添加	そして、しかも、その上、さらに、おまけに、かつ、また、ならびに、あわせて、加えて、それればかりでなく
選択	または、それとも、あるいは、もしくは
対比	一方、他方、逆に、それに対して、反面、反対に、これに対して、そのかわり
転換	さて、ところで、ちなみに、では、そういえば、そもそも、いったい
言い換え	つまり、すなわち、いわば、要するに、たとえば、具体的に言うと、
順序・列挙	最初に、第一に、第二に、まず、次に、そして、最後に
強調	特に、とりわけ、実際、確かに、何よりも、もちろん、なかでも
結論	結局、要するに、つまり、したがって、ゆえに、そういうわけで、総じて
条件	もし、たとえ、仮に、万が一、万一、…なら、…たら、…と、…ば

原因・因果・理由	その結果、だから、なので、なぜなら、というのも、そのため、ゆえに、したがって、そこで
同時	同時に、一方で、その間、…しながら
その他	なお、ちなみに、ただし、もっとも、ところで、それにしては、それにしても

付録2 ：難しい表現からわかりやすい表現への言い換え例

	難しい表現	わかりやすい表現
ア	（…と）相まって	（…も）（…）するので、（互いに）影響しあって
	（…に）あっては	（…の）場合は、（…）では、（…）は、
	（…に）あらざる	（…で）ない、（…）以外の
	あるまじき	あってはならない
イ	（…と）いえども	（…）あっても、（…）でも
	いかなる	どのような
	いかに（すべきか）	どのように（したらよいか）
	遺憾のないよう	適切に行うよう（処理するよう）
	遺憾である	残念です、残念に思います
	いかんともしがたい	どうにも…できない
	いかんを問わず	どのような…でも
	いささかも…ない	少しも…ない
	（…）いたしたく	（…）したい（と思います）ので

イ	未だ…ない	まだ…ない
	遺漏のないよう	漏れのないように、適切に
	意を用いる	配慮する、考慮する、注意を払う
ウ	(…の) 上	(…) して、(…) した後、(…) されて
エ	鋭意	懸命に、つとめて、できる限り
オ	(…に) おいては	(…) では、(…) は
	追って、…します	後日…します、後ほど…します（具体的に書く）
カ	かかる	このような
	可及的速やかに	早急に、できるだけ早く（具体的に○月○日と書く）
	格段の	特別の、格別の
	各般にわたり	いろいろと、それぞれの
	過日、過般	先日、先頃、このあいだ、
	(…) 方	(…) について、(…) を、(…) されるよう
	(出席方願います)	(出席されるようお願いします)
	勘案する	考慮する、よく考える
	管下	管内
	看過する	見過ごす
	鑑み	考慮して、考えあわせて、照らして
	勧奨する	勧める
	還付する	返す、返還する
	肝要	重要、大切
キ	貴下 (職員)	所属 (職員)
	疑義	疑問
	危惧	心配
	期する	目指す、期待する
	(…を) 来す	(…を) 招く、(…を) もたらす
	(支障を来さないよう)	(支障がないよう)
	期日厳守の上	○月○日までに、必ず期日までに
	忌憚のない	率直な、遠慮のない

キ	貴殿	あなた（様）、（具体的に）…様
	狭あい（隘）な	狭い
	（…に）供する	（…）できるようにする、（…に）役立てる
	寄与する	役立てる、貢献する
ク	具備する	備えている、満たす
ケ	懸念	不安、心配、おそれ
	県下	県内
	厳に	特に、絶対に、厳しく
コ	講ず（じ）る	する、行う、実施する、工夫する
	御教示願いたく	教えてくださるよう、ご指導くださるよう
	御賢察いただき	お察しいただき
	御高裁の上は	決裁後は
	御高配（御配意）	ご配慮
	御参集	お集まり
	御多忙中恐縮ですが	お忙しいところ恐れ入りますが
	（…の）ごとく	（…の）ように
	この限りでない	差し支えない（ありません）
	今般	このたび、今回
サ	さらなる	一層の
	…されたい	…してください、願います
シ	しかるに	しかし、ところが、けれども
	…資する	役立てる、助けとなる
	…したく	…したいので、したいと思いますので
	事由	理由、原因
	従前の	これまでの、従来の、以前の
	主たる	主な
	周知徹底する	（全員に）知らせる
	縦覧する	見せる、知らせる
	熟知の上	十分理解して
	遵守する	（よく、必ず）守る

シ	所掌する	担当する
	所存である	…考えています、つもりです
	所定の	定められた、決められた
	諸般の	いろいろな、様々な
	所要の	必要な
	思量（思料）する	考える、判断する
	進捗する	進行する、進む
ス	数次にわたり	たびたび、何回も
	…すべく	…するために、するように
	…すること	…してください
セ	善処します	適切に処理します（具体的に書く）
	先般	先日、先頃
ソ	遡及する	さかのぼる
	即応した	ふさわしい、かなった
タ	対処する	対応する、取り組む
	多大なる	多くの、たくさんの
チ	遅延する	遅れる
	逐次	順次、順を追って、次々に
	遅滞なく	○月○日までに、遅れないように（具体的に書く）
	徴する	（意見を）求める、集める
	ちょう付（貼付）する	はる、はり付ける
	聴聞する	意見を聞く
	陳述する	述べる
テ	提示する	見せる、示す
	呈する	示す、表す
	適宜	状況に応じて、適切に
ト	当該	その〜、この〜
	特段の	特別の
	（…の）ところであります	しています

ト	執り行う	行う、実施する
ナ	何とぞ	どうか、どうぞ、ぜひ
	(…) ながら	(…) ですが
ネ	念のため申し添えます	(できるだけ使用しない)
ノ	(…) のみならず	(…) だけでなく
ハ	配意する	配慮する、考慮する
	甚だ	大変、非常に
	阻む	妨げる、防ぐ
	万全を期す	十分注意する、あらゆる手だてを尽くす
ヒ	必着のこと	…までに着くようお送りください
フ	婦人	女性
ヘ	別途…します	改めて…します、別に…します
	返戻する	返す、戻す
ホ	方途	手段、方法、用途
	補てん（填）する	補う
	(…の) ほど	(…) してくださるよう
	本件	この件、このこと
ム	旨	…との、…こと、…と
メ	目途に	目標に、目指して
モ	(…を) もって	(…) で、(…に) よって、(…) して
	(…) ものとする	(できるだけ使用しない)
ユ	有為な	役に立つ、有望な、有意義な
	有する	あります、持っています
ヨ	要する	必要である
リ	良好と認められる	良いと思われます
	了する	終える、済ませる
	了知	理解、承知
レ	例による	…のとおりとします
ロ	漏えい（洩）する	漏れる、漏らす

付録3 ：漢字ではなく、ひらがなで書いたほうが わかりやすい言葉

漢字での表現	わかりやすい表現	漢字での表現	わかりやすい表現
位	くらい	余程	よほど
程	ほど	且つ	かつ
の様だ	のようだ	御指導	ご指導
(やむを得)無い	ない	御参加	ご参加
有難う	ありがとう	及び	および
逆様	さかさま	又は	または
如何	いかん	並びに	ならびに
流石	さすが	若しくは	もしくは
一寸	ちょっと	飽くまで	あくまで
滅多	めった	余り	あまり
従って	したがって	幾ら	いくら
但し	ただし	既に	すでに
それ故	それゆえ	直ちに	ただちに
居る	いる	何分	なにぶん
出来る	できる	正に	まさに
沢山	たくさん	暫く	しばらく
丁度	ちょうど	予め	あらかじめ

◆参考資料

浅井満知子『伝わる短い英語 新しい世界基準 Plain English』東洋経済新報社、2020年

石黒圭『ていねいな文章大全』ダイヤモンド社、2023年

一般財団法人テクニカルコミュニケーター協会『日本語スタイルガイド第3版』一般財団法人テクニカルコミュニケーター協会出版事業部、2016年

一般社団法人日本プレインランゲージ協会『プレインジャパニーズの基本原則第2版』一般社団法人日本プレインランゲージ協会（JAPL）、2023年

国際標準化機構『ISO 24495-1:2023　Plain language Part 1: Governing principles and guidelines』国際標準化機構（ISO）、2023年

文化審議会国語分科会『新しい「公用文作成の要領」に向けて（報告）』文化庁、2021年

山口拓朗 監修『「うまい文章」の共通ルールがゼロから身につく 伝わる文章術　見るだけノート』宝島社、2021年

The Plain Language Action and Information Network (PLAIN)『米国連邦政府プレインランゲージ・ガイドライン』plainlanguage.gov、2011年

投資家教育支援室『A Plain English Handbook』米国証券取引委員会、1998年

一般社団法人 日本プレインランゲージ協会

https://japl9.org/

著者Profile

浅井満知子

一般社団法人日本プレインランゲージ協会 代表理事/株式会社エイアンドピープル 代表取締役/国際標準化機構 TC37 プレインランゲージ国内委員/Clarity International 日本代表

1998年翻訳会社を設立。大手自動車メーカーのグローバル化に向けた、プレインイングリッシュでの翻訳に携わり、その効果効用を体現。以降20年にわたり、日本でのプレインランゲージの普及活動に取り組む。

著書に『伝わる短い英語 新しい世界基準 Plain English』（東洋経済新報社）、庵功雄編著『「日本人の日本語」を考える』（丸善出版）2章「海外の動向－プレインランゲージをめぐって」がある。

森口稔

大阪生まれ、北海道大学卒。高校教師、英文雑誌記者、機械翻訳開発担当、テクニカルライター、実務翻訳者を経験。現在は、大学非常勤講師として、英語、日本文化、コミュニケーションなどを教える。著書に『テクニカルコミュニケーションへの招待』『基礎からわかる話す技術』（共著）『日本語を書くトレーニング』（共著）他、編集・執筆・校閲等に関わった辞書に『英語で案内する日本の伝統・大衆文化辞典』『ジーニアス英和辞典第5版』他がある。

山田肇

慶應義塾大学工学博士。NTTを経て2002年に東洋大学経済学部教授、2017年名誉教授。一般社団法人日本プレインランゲージ協会理事、特定非営利活動法人情報通信政策フォーラム理事長、高齢社会対応標準化国内委員会委員長等。情報社会の制度設計について論文・著書・記事多数。文部科学省科学技術政策研究所客員研究官として、最新の科学技術動向の解説記事を執筆したのがきっかけで、プレインランゲージの普及に携わる。

プレインジャパニーズの教科書

2024年10月15日 第1版第1刷発行

編・著　一般社団法人 日本プレインランゲージ協会
協力：橘川真澄、中村新一

校閲：高橋清貴

装丁：松本田鶴子

発行人：坂本由子
発行所：コスモピア株式会社
　　　　〒151-0053　東京都渋谷区代々木4-36-4　MCビル2F
営業部：TEL: 03-5302-8378　email: mas@cosmopier.com
編集部：TEL: 03-5302-8379　email: editorial@cosmopier.com

https://www.cosmopier.com/（コスモピア公式ホームページ）
https://e-st.cosmopier.com/（コスモピアeステーション）
https://kids-ebc.com/（子ども英語ブッククラブ）
印刷：シナノ印刷株式会社

本書のご意見・
ご感想はこちらへ↓